Durch Biohacking Stress bekämpfen,

Burnout vermeiden und mehr Lebensqualität erreichen

Autor – Stella Glückskind

Inhaltsverzeichnis

Vorwort

Mit diesem Buch möchte ich dir zeigen, wie du mit den einfachsten Methoden des sogenannten „Biohacking" ein erfülltes und nahezu stressfreies Leben führen kannst.
Natürlich haben wir alle hin und wieder auf die eine oder andere Art Stress, aber du allein bestimmst darüber wie sehr dich der Stress durch erhöhten Zeit- und Leistungsdruck kaputt macht, oder ob du ihn mithilfe der, in meinem Buch beschriebenen, Biohacking Methoden verminderst.

Zum besseren Verständnis habe ich dieses Buch in zwei große Kapitel aufgeteilt.
Einmal wollen wir uns mit dem Thema Stress im Allgemeinen (was versteht man unter Stress, welche Auswirkungen hat er auf unseren Körper und Geist usw.) befassen und im zweiten Teil erfährst du was genau Biohacking ist und wie du damit dich selbst und dein

Leben neu und nahezu stressfrei
organisierst.

Ich wünsche dir viel Vergnügen beim
Lesen und viele neue Erkenntnisse, die
dein Leben bereichern.

Burnout durch Stress

Unsere heutige Zeit ist schnell und scheint vor allem Zeitlos. Seit der Erfindung des Rades wollen wir Menschen schneller, weiter und höher vorrankommen, scheinen durch Mobiltelefone ununterbrochen erreichbar zu sein und wir stellen immer wieder fest, dass unsere heutige Zeit viel Wert darauf legt, viel Leistung in kurzer Zeit abzuverlangen.

Doch in dieser schnelllebigen Zeit mit all den erhöhten Leistungsanforderungen, verliert nicht nur der Körper selbst Energie, sondern auch unser Geist. Betrachten wir gerne unseren Körper als Batterie, der durch Essen und Schlafen regeneriert wird, haben wir oft unseren Geist nicht im Blick, der ebenso ermüden kann und, genau wie unser Körper, gepflegt werden muss. Unser Geist benötigt aber deutlich mehr Zeit und Ruhe als unser Körper, denn unser Gehirn arbeitet rund um die Uhr.

Während des Schlafens fährt der Körper herunter und unser Gehirn beginnt den erlebten Tag zu verarbeiten, ebenso wie unsere Wünsche und Ängste. Es verarbeitet unser komplettes Leben.

Erhält unser Geist nicht entsprechend viele und richtige Ruhephasen, beginnt ein langer und schleichender Prozess, den wir zwar alle kennen, aber nicht früh genug erkennen können, da wir generell „Ach, mache ich morgen!" sagen oder wo unser innerer Schweinehund siegt.

Doch genau hier liegt der entscheidende Punkt: Geben wir unserem Geist keine Ruhe oder schaffen keinen Ausgleich, erleben wir eine schwerwiegende Krankheit: Angefangen bei dem „überarbeitet sein" über „Ich brauche wirklich dringend eine Pause" bis hin zum Burnout. Denn bereits im Stress reagiert der Körper akut und sendet immer wieder Warnsignale. Erleiden wir zum Schluss ein Burnout, schaltet nicht nur unser Geist ab, sondern auch unser

Körper. Aber auf die Auswirkungen gehen wir später genauer ein.

Es gibt verschiedene Formen von Stress, der uns in verschiedenen Situationen begegnet. Hier stelle ich dir die verschiedenen Formen vor. Denn hier müssen wir klar abgrenzen, dass nicht jeder Stress zum Burnout führt, sondern Stress sogar etwas Gutes sein kann.

1. *Angenehmer Stress*
   Diese Stressform ist vor allem etwas Positives: Sie motiviert uns und treibt uns an. Wir sind bei dieser Stressform nicht genervt oder sogar aggressiv. In diesen Momenten sind wir gefordert, aber nicht überfordert. Besonders im Arbeitsalltag finden wir diese Form oft, wenn wir zwar viel Arbeit auf dem Schreibtisch liegen haben, aber angenehm und schnell durch die Arbeit kommen.

2. *Stress durch Überforderung*
   Besonders in der Urlaubs- und

Krankheitszeit finden wir diesen Stress oft. Wir können uns allerdings schon im Vorfeld darauf einstellen und uns mental darauf vorbereiten. Da dieser Stress nur in einer bestimmten Zeitspanne akut ist, wird uns diese Stressform auch nicht zum Burnout bringen. Stress durch Überforderung ist lediglich der Grundgedanke „Wie soll ich das bloß schaffen?".

3. *Subjektiver Stress*
    Diese Stressform ist tatsächlich reine Kopfsache. Denn rein objektiv betrachtet ist diese Stressform von uns selbst ausgelöst worden. Es ist leider fakt, dass, wenn wir unsere anfallende Arbeit und den Haushalt von vornherein schlecht und negativ reden („wie soll ich das alles bloß schaffen?"), dies auch von vornherein zum Scheitern verurteilt wurde und das von uns selbst. Denn je mehr wir uns etwas schlecht reden, desto schlechter wird es, obwohl viele anfallende Arbeiten

(wie z. B im Haushalt) oft nur Routine oder Handgriffe von wenigen Minuten sind.

4. *Emotionaler Stress*
    Emotionaler Stress ähnelt dem subjektiven Stress, allerdings mit dem Unterschied, dass diese Stressform nicht von uns selbst, sondern von anderen Faktoren ausgelöst wird. Hier treffen eigene Emotionen auf Situationen, die uns im wahrsten Sinne des Wortes aus der Bahn werfen, da diese Situationen grundlegend negativ sind.
    Darunter fallen:

    - Todesfälle
    - Arbeitslosigkeit
    - Trennung vom Partner
    - Krankheiten
    - Situationen, in denen wir Trauer oder Wut empfinden

Diese 4 Formen von Stress finden sich immer wieder in unserem Leben. In der

Regel sind wir selbst in der Lage, diese Stresssituationen so zu lindern, dass wir keine negativen Auswirkungen daraus ziehen. Doch sobald wir selbst merken, dass es uns selbst nicht gut geht, ist es leider auch schon zu spät und wir erleiden sehr schnell einen Burnout.

Der Kern des Burnout

Um Burnout zu verstehen, muss man auch verstehen, wie dieser überhaupt entsteht. Basis dafür ist natürlich Stress. Doch der reine Stress ist nicht der generelle Grund, um an Burnout zu erkranken. In den meisten Fällen spielen verschiedene Stresssituationen dabei eine große Rolle und wir haben entsprechend wenig Zeit uns darauf vorzubereiten oder auch zu wenig Zeit, diesen Stress entsprechend abzubauen.

Hier ein krasses Beispiel:

Im Durchschnitt arbeiten wir 40 Stunden an 5 Tagen die Woche. Allerdings ist Urlaubszeit und wir übernehmen zusätzlich die Arbeit von drei Kollegen. Dummerweise werden dann auch noch zwei Personen krank und wir müssen diese Arbeit auffangen und ausgleichen. Unglücklicherweise ist das eigene Kind auch noch krank und eigentlich möchte man sich selbst ebenfalls am liebsten auch noch krank melden. Da die Probezeit noch greift, überlegen wir uns dann aber zweimal ob wir uns wirklich krank melden oder nicht.

In diesem Beispiel treffen verschiedene Stresssituationen aufeinander. Zwar sind die Zeiten absehbar und wir müssen diese Zeit einfach nur „überstehen." Was passiert aber, wenn in diesem Beispiel auch noch plötzlich ein sehr wichtiger und großer Auftrag in die Firma kommt, der die Existenz von 40 Leuten sichert? Spätestens nach wenigen Tagen werden wir alle merken, dass jetzt ein Punkt erreicht wurde, an dem wir selbst feststellen, dass es uns nicht gut geht.

Und dennoch machen wir weiter, weil es gemacht werden muss und wir uns selbst sagen, dass wir feste Verpflichtungen haben, die wir erfüllen müssen. Hier zeigt sich deutlich, dass auch unsere Arbeit, egal wie gerne wir sie machen, uns sehr schnell krank machen kann.

Nach dieser sehr stressigen Arbeitsphase sagt natürlich kaum ein Chef „sehr gut gemacht! Nehmen Sie sich jetzt 2 Wochen Urlaub!". Wir machen entsprechend weiter, stehen morgens wieder einigermaßen fit auf und gehen unserer Arbeit von Neuem nach.

Nun kommt eine weitere Variable dazu: In dieser Stressphase während der Arbeit ist das eigene Kind jetzt nicht krank, dafür haben wir aber 2 Kinder im Alter zwischen 4 und 8 Jahren. Sobald wir nachhause kommen, möchten unsere Kinder etwas zu essen haben, uns von der Schule oder dem Kindergarten erzählen und fordern nun ihre eigene Zeit ein. Neben dem körperlichen Austoben und Fördern der Kinder, kümmern wir uns zusätzlich darum, dass unsere Kinder Hausaufgaben machen oder müssen aufpassen, dass unsere Kinder bestimmte Dinge nicht machen, wie beispielsweise sich ein Messer aus der Küche zu nehmen um Pirat zu spielen.

Noch ein Faktor, der bei extrem vielen Menschen zu innerlichem Stress führt: Sie arbeiten zwar wie ein Tier, aber es bleibt am Ende des Monats kein Geld übrig im Gegenteil, sie müssen sich Mitte des Monats schon Gedanken darüber machen, wie sie den Rest des Monats ihre Kinder und sie über die Runden bringen. Es ist permanent zu wenig an Geld da. Das führt zu Dauerstress im Körper.

Stress vermeiden –
Ausgleich schaffen

Um Stress, egal in welcher Form, aktiv zu bekämpfen gibt es verschiedene Möglichkeiten. Dazu gehören:

- Entspannung
- Entspannung durch Entladung
- Ausgleich durch verbales auslassen

Entspannung gegen Stress

Wenn wir gestresst sind, möchte unser Körper schnell zu Ruhe kommen und genau das müssen wir auch machen. Durch eine heiße Badewanne oder Dusche, 30 Minuten faul auf dem Sofa liegen oder durch Yoga bzw. Meditation können wir unseren Körper schnell herunterfahren. Dabei geht es aber nicht darum den Ärger, denn wir hatten, einfach herunter zu schlucken oder hinzunehmen, sondern wir müssen dabei lernen den Ärger ruhen zu lassen und uns keine Gedanken mehr darüber zu machen.

Dies ist besonders sinnvoll wenn wir in eine Form von Stress geraten sind, auf den wir keinen Einfluss haben.

Beispiel:

Der Arbeitskollege muss verschiedene Unterlagen vorbereiten, damit wir selbst unsere Arbeit erledigen können. Allerdings macht der Kollege einen groben Fehler und somit kommen wir auch ins Stocken. Natürlich können wir uns jetzt gewaltig darüber ärgern, und das machen wir sicherlich auch. Allerdings erhöht sich unser Blutdruck und Adrenalinpegel und wir nehmen es vielleicht auch noch mit nachhause. Allerdings ist diese Art von Stress eine, auf die wir keinen Einfluss mehr haben, weil das Kind bereits in den Brunnen gefallen ist, wir aber noch gut darüber hinweg sehen können.

Welche Auswirkung hat nun Entspannung auf Stress?

Sobald wir in Stress geraten, steigt die Atemfrequenz und unser Blutdruck steigt. Da unser Körper zu Beginn von Stress Hormone ausschüttet wie Adrenalin und Kortison, müssen wir uns selbst schnell wieder herunter fahren, da eine zu hohe Produktion von Kortison schwerwiegende Krankheiten wie das Cushing-Syndrom auslösen kann. Dadurch, dass wir unserem Körper entsprechend Ruhe gönnen, helfen wir zum einen unseren Blutdruck zu senken, die Gefäße im Körper werden also wieder erweitert, unsere Atemfrequenz senkt sich und wir helfen den Körper, die überschüssigen Hormone im Körper zu verarbeiten.

Entspannung durch Entladung

Oft gibt es diese Momente, bei denen uns einfach alles zu viel wird und wir quasi wie eine tickende Zeitbombe nur darauf warten, dass unser Chef oder die Kollegen etwas Falsches sagen, damit wir ordentlich explodieren können.

In dieser, doch sehr kritischen Phase, kann es aber auch Personen treffen, die in nichts damit zu tun haben, wie der Partner, die Kinder oder Freunde und Bekannte. Wenn wir dann in solchen Situationen an die Decke gehen, hat es für uns oft Konsequenzen, die wir nicht so einfach kitten können.

Deswegen empfiehlt es sich, Möglichkeit 2 zur Stress-Reduzierung in Betracht zu ziehen: gezielte Entladung und damit Stressabbau. Sei es Joggen gehen bis zur Erschöpfung, in einen Box-Sack oder in ein Kissen schlagen. Alles, was dazu dient, Ärger und Wut heraus zu lassen, kann genutzt werden. Ebenso können auch Trainingseinheiten im Fitnessstudio oder beim Kampfsport ideal dazu genutzt werden.

Ein kleiner Tipp:
Im Internet finden sich auch Anbieter, die gezielt Stressabbau anbieten:
Gemeinsam mit bis zu 15 Personen mit einem Baseballschläger, Vorschlaghammer oder ähnliches könnt ihr beim „Car Bashing" eure Wut, Frust und Aggressionen dazu nutzen, ein Auto zu zerstören.
Versprochen: Danach fühlt man sich viel besser und entspannter, mit der minimalen Gefahr, am nächsten Tag einen Muskelkater zu haben.

Verbal durch die Wand

Für diese Methode brauchst du lediglich eine Person deines Vertrauens, vielleicht ein Glas Sekt oder ein Bier, ein bequemes Sofa und dann kann es auch schon losgehen.
Lass einfach mal 10 – 20 Minuten deinen ganzen Frust verbal raus. Von

Fluchen bis hin zum Verfluchen ist alles erlaubt und es gibt dabei keine Tabus. Hierbei gibt es aber eine wichtige Regel: Nicht unter die Gürtellinie gehen und deine Vertrauensperson muss natürlich wissen was du machen willst. Sprich das Ganze einfach kurz ab und sei ebenso fair und biete es deinem Gegenüber ebenfalls an.

Durch diesen Abbau von Stress bekommst du deinen Kopf schnell wieder frei und kannst genau das aussprechen, was du denkst, ohne Angst vor eventuellen Konsequenzen haben zu müssen.

Zeit für sich selbst nehmen und an sich selbst denken

Es ist für jeden von uns notwendig, sich Zeit für sich selbst zu nehmen. Egal ob für Sport, einen Mittagsschlaf, einen langen Spaziergang oder einfach mal wieder Freunde treffen.

Natürlich klingt es erst einmal egoistisch. Aber Fakt ist: manchmal muss man egoistisch sein, um sich selbst zu schützen. Besonders in einer Krankheitsperiode in der Arbeit kommen gerne Anrufe und die Frage „Ich weiß, dass Sie heute frei haben, aber können Sie vielleicht doch für ein paar Stunden zur Arbeit kommen?" Die Antwort sollte klar sein: Nein!

Öfters Nein sagen
Denn besonders im Schichtdienst kennen es alle: Man sagt ein – zwei Mal Ja und nun steht das Telefon kaum noch still. Natürlich sollte niemand grundsätzlich „Nein" sagen, weil ein kollegiales Verhalten nur positiv ausgelegt werden kann. Sollte aber die eigene Gutmütigkeit ausgenutzt werden, und man bereits schon genervt sein, wenn auf dem Display „Chef" oder „Arbeit" steht, dann sollte man wirklich Nein sagen, da man sonst nur frustriert und demotiviert wird.
Auch hier kommt schnell der Satz „Wieso eigentlich immer ich?!" oder

„Immer bin ich der / die Dumme."
Du solltest hier einfach einen ganz klaren Standpunkt vertreten: Du bist keine Maschine, sondern auch nur ein Mensch mit einem eigenen Leben und keine Marionette, die immer springen kann. Auch du benötigst ab und an eine Pause.

Das klassische „Nein" findet sich aber auch im Alltag wieder. Natürlich möchte man seinem eigenen Kind jeden Wunsch erfüllen, aber auch hier sollte ein konsequentes „Nein" deutlich sein und wenig Spielraum lassen. Denn Ausflüge können ebenfalls extrem an den Nerven und den Kräften zehren. Wenn du merkst, dass etwas eher mit Unlust statt eigener Motivation umgesetzt wird, hättest du vielleicht doch im Vorfeld einfach Nein sagen sollen.

Wie kann ich zukünftig Stress vermeiden?

Neben dem „Nein" sagen, können wir noch einiges mehr tun, um unserem Geist mehr Ruhe zu gönnen. Besonders gut klappt das, wenn wir auch noch zeitgleich unserem Körper etwas Ruhe geben. Doch manchmal schaffen wir es zeitlich nicht, uns einfach mal eine Stunde hinzulegen, weil wir erschöpft sind. Hier bekommst du also kleine Tricks und Hinweise, wie du deinen Stress schnell mindern kannst und es ebenso in deinen Alltag miteinbinden kannst.

30 Minuten nur für sich selbst

Nimm dir jeden Tag einfach rund 30 Minuten, die nur dir gehören. In dieser Zeit kannst du machen was du willst. Leg dich faul auf das Sofa, schau dir eine Folge deiner Lieblingsserie an oder geh an die frische Luft. Denn diese 30 Minuten gehören nur dir allein und die solltest du auch entsprechend nutzen und zwar mit Dingen, die DIR Spaß machen. Male vielleicht etwas, oder beschäftige dich mit deinem Hobby. Denn in diesen 30 Minuten kannst du unglaublich viel Stress abbauen.

Tee trinken

Natürlich kennt man das Sprichwort „Abwarten und Tee trinken". Und auch wenn es um Stress geht, findet dieser Satz Gültigkeit. Denn durch diese kurze Zeit, in denen du einen Tee oder auch einen Kakao oder Kaffee genießt, kannst du etwas herunter fahren.
Die einzige Bedingung: Das Getränk wird nicht zwischen Tür und Angel oder To-Go getrunken, sondern du trinkst es bewusst und hältst einfach einen Moment inne. Diese schlichten 10 Minuten fahren deinen Puls herunter und geben dir Zeit mal wieder richtig durchzuatmen. Der morgendliche Kaffee zählt leider nicht dazu. Allerdings der Kaffee zum Nachmittag, vielleicht auch

noch mit einem leckeren Stück Kuchen zusammen, zählt auf jeden Fall.

Tanzen gehen

Wer tanzt ist glücklich. Und dabei muss es kein Club oder eine Diskothek sein, sondern es funktioniert auch wunderbar in der Küche oder im Wohnzimmer. Dabei geht es auch nicht um Eleganz oder wie toll man tanzen kann. Es geht nur darum, sich gut zu fühlen, Emotionen freien Lauf zu lassen und sich Frust und Ärger von der Seele zu tanzen. Es ist auch völlig egal, welche Musik oder welchen Tanz du dazu her nimmst.

Naschen

Sicherlich kennt jeder den Spruch „Schokolade macht glücklich". Und das stimmt auch! Denn Schokolade enthält den Stoff Tryptophan, der Glückshormone im Körper freisetzt. Aber auch andere Naschereien machen uns glücklich, was wohl eher am Zucker liegt. Außerdem kannst du naschen als Belohnungssystem nutzen: Hattest du einen schweren und anstrengenden Tag, dann nasch etwas oder trink ein Glas Wein - und ganz wichtig: Sag dir selbst, dass du heute gute Arbeit geleistet hast und du auf dich stolz sein kannst!

Aufräumen

Das klingt vielleicht echt blöd, aber wer gestresst oder genervt ist, sollte aufräumen. Sei es der Arbeitsplatz oder die eigenen vier Wände. Denn oft ist es so, dass unser Umfeld uns selbst widerspiegelt. Ist unser Umfeld entsprechend chaotisch und unordentlich, sagt es leider auch viel über uns selbst aus.
Also einfach mal aufräumen, Kleiderschränke durchsuchen, aussortieren und etwas Ordnung ins Chaos bringen und auch hier stellt man schnell fest: Es geht uns danach wirklich

besser, da wir aufgeschobene Arbeiten erledigt haben und wir einen gewissen Erfolg spüren, der uns auch für zukünftige Arbeiten motiviert.

Smartphone aus

Sobald wir Wochenende oder Urlaub haben, sind wir dennoch rund um die Uhr erreichbar. Aber mach doch mal einen ganzen Tag lang das Handy aus - einfach nur so, um nicht erreichbar zu sein.
Kontrolliere dich hier mal selbst: Wie oft am Tag schaust du auf das Smartphone und kontrollierst eingehende Nachrichten oder Emails? Sicherlich mehr als 5 Mal am Tag, aber auch nur, weil wir von vornherein davon ausgehen, jemand könnte uns erreichen wollen und wir dann ja reagieren müssen. Sobald du nach der Arbeit nachhause kommst, mach dein Handy mal für eine Stunde aus. Anfangs ist es vielleicht ungewohnt, aber wenn du das öfters machst, wirst du schnell feststellen, wie gut es dir

dabei geht, da du einfach mal nicht erreichbar bist.

Treu nach dem Motto: „Wer was Wichtiges möchte, meldet sich später nochmal."

Je öfter du dein Handy ausstellst, desto freier wirst du dich fühlen. Du kannst dein Smartphone auch zu Beginn dieses Selbstexperiments während des Kinos oder einem Besuch bei Familie und Freunden ausstellen.

Ich persönlich hatte im Laufe des Jahres sogar über Tage oder Wochen mein Handy aus. Ganz einfach nur, damit ich mich selbst besser fühle und meine Ruhe habe.

Tagträumen

Wer vor sich hin träumt, kann Stress abbauen. Einfach faul auf dem Sofa liegen, vielleicht noch entsprechende Musik auf angenehmer Lautstärke und die Augen schließen. Lass deiner Fantasie freien Lauf, denn genau in diesen Momenten, kannst du alles sein,

was du möchtest und auch
entsprechend alles tun was du möchtest,
ohne anderen oder dir selbst zu
schaden.
So kannst du, wenn auch nur für wenige
Augenblicke, deine Seele baumeln
lassen und hervorragend Stress
abbauen. Durch diese Tagträume
verarbeiten wir sofort die Situationen, die
wir als unangenehm empfinden.
Doch das Ganze hat noch einen
anderen Vorteil: Wenn unsere
Tagträume nicht nur aus Luft und Liebe
bestehen, sondern konkrete Ansätze für
unsere Wünsche und Bedürfnisse
liefern, sind wir in der Lage diese auch in
die Tat umsetzen.
Träumen wir zum Beispiel von einem
wirklich tollen und neuen Zuhause für
uns selbst, malen uns die verschiedenen
Farben der Wände aus und stellen uns
auch noch die entsprechende
Einrichtung vor, dann haben wir in
diesem Moment einen Traum, der unser
Unterbewusstsein widerspiegelt.
Dadurch entwickeln wir ein neues Ziel im

Leben, dass wir verfolgen und in die Tat umsetzen können.

Sport

Wie bereits erwähnt, kann uns Sport beim akuten Stress schnelle Hilfe bieten. Unser Gehirn produziert dadurch Hormone und Botenstoffe, die dafür sorgen, dass wir uns generell besser fühlen.

Natürlich ist Sport anstrengend, besonders dann, wenn man nach der Arbeit schon erschöpft ist und man sich schlecht motivieren kann. Aber genau darum geht es: Sich nochmal selbst bis ans Äußerste bringen und sich selbst beweisen, dass man viel mehr kann, als nur faul auf dem Sofa liegen. Dabei spielt es keine Rolle, wie lange man Sport treibt, sondern wie intensiv. Je intensiver, desto besser! Das ist der perfekte Biohack!

Der schöne Nebeneffekt: Je öfter, beziehungsweise je regelmäßiger, wir selbst Sport treiben, desto schneller erzielen wir konkrete Ergebnisse, die wir dann auch sofort wahrnehmen.

Als Beispiel: Gehen wir das erste Mal joggen, kommen wir sicherlich nicht allzu weit und stellen uns anfangs eher die Frage, wieso wir eigentlich sowas machen und ob wir vielleicht in die Anstalt gehören. Legen wir aber eine Route fest, die wir ablaufen, und das regelmäßig, stellen wir nach wenigen Versuchen fest, dass wir diese Strecke dann doch schaffen und sogar noch weiter laufen können, als ursprünglich geplant.

Daran erkennen wir, dass wir fitter sind, uns besser fühlen und erleben auch noch gleichzeitig ein Erfolgserlebnis der besonderen Art, da wir über uns selbst hinaus gewachsen sind.

Haben wir tatsächlich keine Zeit, um Sport zu treiben, können wir aber zumindest die regelmäßige Bewegung in unseren Alltag mit einbinden. Dazu können wir mit dem Fahrrad zur Arbeit fahren oder kleinere Besorgungen aus dem Supermarkt mit dem Fahrrad erledigen. Ebenso besteht die Möglichkeit Treppen zu nutzen, nur um eine gewisse Bewegung zu erhalten.

Stressbuch führen

Wie oft am Tag bin ich gestresst? Diese Frage ist nicht leicht zu beantworten, genauso wie die Frage, in welchen Situationen man gestresst ist. Um sich selbst zu helfen, Stress zu vermeiden, muss man sich als erstes anschauen, wann überhaupt der Stress entsteht.

Du kannst dazu ein Stressbuch führen. In diesem Notizbuch trägst du folgende Dinge pro Seite ein:

- **Tag und Datum**, damit du siehst, ob du eher montags oder in der Mitte der Woche gestresst bist

- Die **Uhrzeiten**, um festzustellen, ob der Stress morgens oder doch eher mittags verstärkt auftritt

- Die **Situationen,** in denen du besonders gestresst bist - sei es durch einen Konflikt, zu viel Arbeit auf dem Schreibtisch oder weil dein Kind sich, genau dann, wenn unter Zeitdruck stehst etwas querstellt.

Dieses Stress-Tagebuch hilft dir auf zwei Arten:

1. Du bekommst eine Übersicht, wann genau du wirklich gestresst bist, weil es definitiv Muster gibt. Dementsprechend kannst du zukünftig dem gegenwirken und dich bereits im Vorfeld mental darauf vorbereiten. Dadurch hast du dann die Möglichkeit in bestimmten Situationen besser zu planen und zu organisieren.

Dadurch vermeidest du aktiv Stress - und

2. du baust zusätzlich Stress ab, denn durch das Aufschreiben verarbeitest du Stress und fühlst dich dadurch um einiges besser.

Videospiele gegen Stress

Vielleicht lachst du jetzt, aber es ist, aus eigener Erfahrung, wirklich so, dass durch Videospiele Stress abgebaut wird. Dabei ist es egal welche Art von Spiel; Rennspiel, Shooter, Rollenspiel oder Simulation. Denn hier spielt das Erfolgserlebnis eine Rolle: Durch ein gewisses Erfolgserlebnis schüttet das Gehirn Dopamin, das Glückshormon, aus. Allerdings sorgt Dopamin in erster Linie dafür, dass wir motivierter und aufmerksamer sind - worauf wir entsprechend gut aufbauen können. Erzielen wir einen Erfolg, selbst wenn er nur virtuell ist, fühlen wir uns besser und können uns sogar anschließend auf etwas anderes konzentrieren.

Hier ist es aber wichtig zu beachten, dass ein zu extremer Konsum an Videospielen eher negative Folgen haben kann und man bei dieser Methode die Uhr definitiv im Blick behalten muss. Ist ein Spiel besonders gut oder wenn wir immer wieder einen Erfolg verspüren, fliegt die Zeit nur so an uns vorbei und wir haben am Ende des Tages nichts mehr geschafft. Dadurch sind wir dann im Endeffekt eher demotiviert und machen uns selbst Vorwürfe.

Eigenen Anspruch runterschrauben

Besonders im Beruf werden wir immer und immer wieder mit stressigen Situationen konfrontiert. Höher, schneller, weiter und besser. Aber oft kommt dieser Leistungsdruck nicht von anderen, sondern lediglich von uns selbst.

Ebenso möchten wir an einem einzigen Tag unsere Wohnung aufräumen, die Fenster putzen, nebenbei noch einen Kuchen backen, alle Armaturen entkalken, zwischendurch mal so richtig gesund kochen und die gesamte Wäsche waschen, trocknen und bügeln.

Das klingt vielleicht etwas übertrieben, aber frag dich einfach mal selbst, wie viel du dir wirklich selbst abverlangst und wie voll dein Tagesplan ist, den du dir auferlegt hast.
Deswegen rate ich dir ganz klar: Fahr einen Schritt zurück und setze dir kleinere Ziele, die du realistisch in deinen Alltag integrieren kannst. Mach dazu am besten einen Wochenplan von montags bis sonntags und stelle dir selbst klare Regeln auf:
Montags: Waschtag
Dienstags: Staubwischen und Staubsaugen
Mittwochs: Fenster putzen
Donnerstags: Bügeln
usw.

Dadurch ist dein Alltag nicht vollständig verplant. Du kannst dir selbst noch Zeit einräumen und, da du bereits weißt, wann deine nächste Haushaltsarbeit ansteht, alles sehr gut vorausplanen.

Den Tagesrhythmus organisieren

Wie oben erwähnt, kannst du deinen Alltag planen. Dabei geht es nicht darum, in kurzer Zeit so viel wie möglich zu schaffen, sondern diese Planung dient dazu, dich selbst zu entschleunigen. Sobald du den Punkt auf deiner To-Do-Liste erledigt hast, kannst du dir sagen: „Ich habe mein heutiges Ziel erreicht! Jetzt habe ich Zeit für mich selbst."
Ich persönlich bevorzuge die A-K-O Methode. Sowohl privat als auch beruflich hat mir diese selbst entwickelte Methode immer wieder unter die Arme gegriffen und ich möchte es nun entsprechend weiter geben. Nicht nur,

dass diese Methode sehr einfach in der Anwendung ist, sondern sie wird auch sehr schnell verinnerlicht und kann zukünftig ein starker Begleiter sein.

A = Analysieren

Zuerst wird das Problem oder die Situation analysiert. Hierbei spielt es keine Rolle, um was es sich handelt. Betrachte es so objektiv wie möglich und schaue dir deine Optionen an. Welche Folgen können entsprechende Entscheidungen haben und welche Möglichkeit behebt das Problem? Als Beispiel nutze ich die Arbeit.

Du sitzt vor einem Haufen Papierarbeit und weiß gar nicht wo du anfangen sollst. Nutze nun die Analyse:

- Ja, du hast viel Arbeit vor dir
- Du kannst nun zuerst die Unterlagen oder anfallende Arbeit nach Prioritäten, Zeitaufwand oder

Abgabetermin gedanklich sortieren.

- Du beginnst mit der Arbeit, entsprechend deiner gedanklichen Sortierung

K = Kombinieren

Wenn du mit der Analyse fertig bist, kannst du beginnen, Arbeitsschritte zu kombinieren. Musst du etwas kopieren, schaue direkt nach, ob du noch andere Dinge kopieren musst und nehme sie direkt mit. Vielleicht verbringst du hier etwas mehr Zeit, aber im Nachhinein sparst du woanders Zeit. Dasselbe gilt auch für einzelne Wege: Niemals mit leeren Händen gehen. Muss etwas im Geschäft aufgefüllt werden, schaue dich um und notiere dir, was du noch alles aus dem Lager benötigst. So kannst du Arbeitsschritte kombinieren, was dich weniger laufen lässt und wodurch du deutlich entspannter den Tag verbringen kannst. Das funktioniert auch super im Alltag!

O = Optimieren

Wenn du diese Methode längere Zeit anwendest, und deine Abläufe entsprechend kombinierst, du dich nun an die Optimierung.
Wo kannst du deinen Ablauf noch besser machen? Wo kannst du einen Weg einsparen oder deine Arbeit schneller bewältigen? Nutze deine gewonnene Erkenntnis, um verschiede Abläufe ideal anzupassen.

Diese Methode kannst du übrigens nicht nur für die Arbeit nutzen, sondern auch in deinem Alltag umsetzen. Dabei sparst du viel Zeit und Nerven und dein Stresslevel wird deutlich gesenkt. Diese Methode wird von Freunden auch gerne bei den eigenen Kindern angewendet, um den morgendlichen Ablauf entspannter und gleichzeitig rationeller zu gestalten.

Sich selbst hinterfragen

Der meiste Stress geht auf die berufliche Situation zurück. Befinden wir uns im Dauerstress, Leben und Arbeiten wir nicht mehr, sondern funktionieren nur noch. Wir stehen nur noch genervt auf und haben grundsätzlich keine Lust. Wer hier angekommen ist, sollte sich jetzt selbst hinterfragen.

Ist der Job wirklich das, was ich will? Oder ist ein Tapetenwechsel vielleicht sinnvoller?

Konfuzius sagte bereits:

„Wähle einen Beruf, den du liebst, und du brauchst keinen Tag in deinem Leben mehr zu arbeiten."

Und dieser Satz trifft es genau auf den Punkt! Suche einen Job, der dich voll und ganz erfüllt, dich motiviert und dir eine Wertschätzung gibt. Denn ist deine Berufswahl genau das, was du willst und brauchst, stehst du von vornherein nicht mehr mit Kopf- und Bauchschmerzen auf und du bist quasi stressfrei.

Was kann ich tun, um Glücklicher zu sein? Ist auch eine wichtige Frage. Wann warst du das letzte Mal so richtig glücklich? Wenn du dich nicht mehr daran erinnern kannst, wird es höchste Zeit, das zu ändern. Denn wenn du selbst glücklich und auch zufrieden bist mit dem, wer du bist und was du hast, besitzt du viel mehr, als die meisten Menschen. Vielleicht gönnst du dir wirklich mal einen kleinen Urlaub, gönnst dir einen perfekten Wellnesstag oder etwas anderes, was du dir aus tiefste Herzen schon einmal gewünscht hast. Dabei muss es nicht gerade der teure BMW sein, von dem du träumst. Bleibe realistisch und erfülle dir selbst den ein oder anderen kleinen Traum.

Selbstwert definieren

Auch hier sind wir noch im Beruf. Denn wir möchten Anerkennung von unserem

Vorgesetzten und unseren Kollegen, weil wir gute Arbeit geleistet haben und es eigentlich niemanden interessiert. Aber hier ein kleines Geheimnis: Der Chef sieht alles was du machst, auch wenn du es nicht mitbekommst. Vielleicht ist dein Chef auch nicht entsprechend geschult und weiß nicht einmal, dass du auch mal ein Lob bekommen möchtest. Im letzteren Fall kannst du deinen Chef auch entsprechend darauf ansprechen und, wenn du mutig bist, im selben Atemzug die Verhandlung zu mehr Gehalt aufnehmen.

Doch du solltest dich niemals über andere definieren. Dann hast du eben Schuhe vom letzten Jahr oder deine Frisur ist eben nicht super modern. Ja, und? Ein Sprichwort sagt:

> *„Bevor du den Mund aufmachst, kehre vor deiner eigenen Haustür."*

Es sollte dir egal sein, wer was über dich sagst oder denkt, denn nur du alleine darfst dich kritisieren oder dich im Spiegel betrachten und urteilen.

Vielleicht erziehst du dein Kind anders als andere Eltern oder machst Dinge genau so, wie du sie eben machst. Aber dennoch: Es ist DEIN Leben und du musst selbst dafür die Verantwortung übernehmen.
Natürlich bist du immer bereit, gute Ratschläge anzunehmen, aber du solltest niemals andere über dein eigenes Leben bestimmen lassen und dich nicht dadurch definieren, wie andere dich haben wollen.
Denn durch diesen äußerlichen Druck machst du dich selbst kaputt und das stresst dich... vielleicht nicht bewusst, aber du verspürst wahrscheinlich einen gewissen Druck wie „Ich muss das machen weil andere es auch machen."
Oder „Ich muss das machen, weil es von mir erwartet wird."
Und das sind genau die falschen Denkansätze. Hier solltest du wie oben denken: „Mir egal was andere sagen,

solange ich mich selbst wohl fühle, ist es auch richtig für mich."

Und seien wir ehrlich: Selbst wenn die Wohnung mal nicht 100% aufgeräumt ist, ist das kein Beinbruch; man kann ja ruhig sehen, dass hier jemand lebt.

Übrigens: besonders wenn Kinder im Haushalt leben, sollte man darauf achten, dass die Umgebung nicht 100% steril oder klinisch rein ist, denn das fördert tatsächlich Allergien und Krankheiten, weil Kinder sonst kein Abwehrsystem entwickeln.

Weniger Perfektion, 80% genügen

Kommen wir wieder zurück in den beruflichen Alltag. Ein Manager-Sprichwort sagt:

„80% der Leistung reicht auch"

Geben wir 100% in der Arbeit, laugt es uns schnell aus und wir sind ausgepowert, wenn wir nachhause kommen. Geben wir allerdings 80%, bringen wir dennoch Leistung und können mit einem guten Gefühl nachhause. Und wir haben noch entsprechend Kraft und Motivation um uns mit Hobbys oder anderen Personen, z. B. unseren Kindern, zu beschäftigen.

Wir leben leider in einer Gesellschaft, die immer weiter fordert und dabei außer Acht lässt, dass wir keine Maschinen sind. Allerdings wird der Chef blöd schauen, wenn wir entsprechend damit argumentieren, dass wir nun mal keine Maschinen sind und es leider keine Maschinen gibt, die uns ersetzen können. Wir sind also für das Unternehmen, als Mensch, wichtig.

Aber kommen wir nun auf den Stressbezug:
Geben wir immer 100% volle Leistung, schwirren uns hunderte Dinge im Kopf herum und wir bekommen Kopfschmerzen, weil es entsprechend zu viel wird. Schalten wir einen Gang zurück, erledigen wir dennoch unsere

Arbeit vernünftig, nur mit weniger
Kopfschmerzen und weniger genervt
sein.

Lachen Sie viel

„Lachen ist gesund". Nicht nur für
unseren Körper ist lachen wichtig,
sondern auch für unseren Geist.
Lachen wir viel und gerne, idealerweise
auch mit anderen, mildert es unseren
Stress. Denn selbst gezwungenes
lächeln, senkt den Cortisolgehalt in
unserem Körper, welcher für Stress
verantwortlich ist.
Lachen wir dazu noch mit unseren
Arbeitskollegen, wirkt sich das auch
noch sehr positiv auf unser Arbeitsklima
aus. Neben dem gesenkten
Cortisolgehalt schüttet unser Gehirn
außerdem noch Endorphine aus, die uns
entsprechend glücklich machen.

Pflanzen gegen Stress

Bevor wir uns zum Arzt begeben und
uns eventuell sogar Antidepressiva
verschreiben lassen, können wir uns bei
Stress auch selbst schnell helfen, ohne
direkt auf chemische Präparate
zurückzugreifen.
Diese Hausmittel lassen sich rezeptfrei
als Präparat aus der Apotheke kaufen,
aber auch in guten Drogeriemärkten.

- ***Baldrian***
  Baldrian gehört mittlerweile in
  jede Hausapotheke und wird
  oft dazu benutzt, wenn wir
  nicht schlafen können.
  Allerdings kann Baldrian, in
  geringer Dosierung, uns auch
  über den Tag entspannen und
  unsere Konzentration fördern.
  Baldrian kann als Kapsel
  eingesetzt werden, aber auch
  als Trockenpulver oder als
  getrocknete Pflanze. Als
  Badezusatz oder als

Teeaufguss kann Baldrian
schnell helfen.

- ***Lavendel***
  Lavendel ist eine der
  wunderbaren Pflanzen, die
  nicht nur hübsch im Garten
  aussehen, sondern auch als
  Kapseln erhältlich sind. Sie
  wirken sehr beruhigend,
  entspannen und die
  Lavendelblüten lassen sich
  mehrfach verarbeiten.
  Zum einen kannst du aus
  frischem Lavendel einen Tee
  brühen, der schnell wirkt und
  deinen Stress mindert. Ich
  persönlich nutze aber gerne
  folgende Methode: Du kannst
  dir selbst ein Lavendelkissen
  nähen. Es muss nicht hübsch,
  sondern lediglich dicht sein
  und das kannst du dann unter
  dein Kopfkissen legen. Durch
  den Lavendelduft kannst du
  abends besonders gut
  einschlafen und auch über die

Nacht hinweg wirst du von dem Duft beruhigt, da du dich ja während des Schlafens bewegst. Diese selbstgemachten Kissen, vorausgesetzt du benutzt frischen Lavendel und trocknest ihn gut, behalten übrigens über ein Jahr lang ihren Duft. Aber auch als Öl kann Lavendel dein treuer Gefährte werden: Als Zusatz bei einer heißen Badewanne oder für den Alltag als Zusatz in deiner Handcreme.

- ***Johanniskraut***
  Johanniskraut-Präparate sind nicht für Frauen geeignet, die hormonell verhüten, da Johanniskraut die Wirkung der Pille aufheben kann. Doch Johanniskraut wirkt sich auf unseren Serotoninhaushalt aus und mildert so unseren Stress. Doch ebenfalls wie die Vorgänger kann Johanniskraut

als Tee, Öl oder als Extrakt
eingenommen werden.

- ***Passionsblume***
  Die Passionsblume sieht nicht
  nur hübsch aus, sondern ist
  auch ein wahrer Held gegen
  Stress. Ihr angenehmer Duft
  wirkt alleine schon
  entspannend, aber du kannst
  die Passionsblume als
  Präparat aus der Apotheke
  erhalten oder sie als Zusatz
  für Tees, Öle oder
  Badezusätze nehmen.
  Idealerweise wird die
  Passionsblume bei Unruhen
  oder Schlafstörungen
  angewendet, kann aber in
  geringerer Dosis über den Tag
  verteilt als Kapsel
  eingenommen werden.
  Achtung: die Wirkung tritt sehr
  schnell ein und sollte
  entsprechend mit vorsichtig
  eingenommen werden.

Richtig schlafen

Kommen wir nun zu einem weiteren großen Thema, wenn es um Stress und Burnout geht.

Alleine wenn wir in einer Nacht kaum ein Auge zu machen, fühlen wir uns gerädert und kaputt, sind schnell genervt und wollen nur noch unsere Ruhe. Doch der Schlafmangel ist eine Teufelsspirale. Schlafen wir zu wenig, sind wir den Tag über kaputt und erschöpft und bringen keine Leistung.

Bringen wir keine Leistung, werden wir am Tag dafür kritisiert. Und abends im Bett machen wir uns selbst den Druck, schnell zu schlafen, weil wir entsprechend wieder auf die Höhe kommen wollen. Doch es ist oft sehr schwierig dort wieder heraus zu kommen und wir steigern uns, vielleicht auch unbewusst, zu sehr hinein. Hier erhältst du Tipps und Ratschläge, wie du zukünftig ruhiger und besser schlafen wirst und langfristig deutlich weniger Stress hast.

- ***Ein Ritual einführen***
Erinnere dich zurück, als du
noch klein warst oder wie
deine Kinder ins Bett gehen.
Es wird zu Abend gegessen,
die Zähne werden geputzt und
es folgt meist noch eine Gute-
Nacht-Geschichte. Dieses
Ritual bereitet Kinder auf das
Schlafen vor, da sie die
entsprechenden Abläufe damit
verknüpfen und der Körper
schneller zur Ruhe kommt.
Und was bei den Kleinen
funktioniert, klappt auch bei
Erwachsenen. Natürlich
müssen wir uns keine Gute-
Nacht-Geschichte vorlesen
lassen, aber wir können
unseren Körper und unser
Gehirn darauf trainieren,
bestimmte Rituale damit zu
verknüpfen, damit wir müde
werden.
Als Beispiel kannst du abends
noch eine Tasse Tee trinken
und 2 bis 3 Seiten eines

Buches lesen und dann ins Bett gehen. Wiederholst du täglich dieses Ritual, wirst du schnell feststellen, dass du, sobald der Tee vor dir steht, bereits müde wirst. Dabei spielt es auch keine Rolle, ob du 4 oder 8 Stunden die Nacht schläfst, denn dein Körper und Geist sind so gut darauf abgestimmt und zeigt dir selbst, ob es Zeit zum Schlafen ist oder nicht.

- ***No Go's am Abend***
  Um besser abends ins Bett zu kommen, gibt es auch entsprechend No-Go's. Denn diese Dinge sorgen dafür, dass du dich aufputscht und nicht zur Ruhe kommst. Dazu zählen:

  - Koffein und Energydrinks
  Du solltest dir vielleicht angewöhnen, die letzte Tasse Kaffee am Tag vor 16 Uhr zu

trinken, damit du abends entsprechend müde wirst. Dasselbe gilt auch für Energydrinks, denn diese enthalten ebenfalls oft Koffein.

- Zu viel Zucker
Hier kommen nochmals die Energydrinks zur Sprache, aber auch Schokolade, Kekse und Süßigkeiten jeglicher Art. Denn durch den hohen Zuckeranteil wird der Blutzuckerspiegel wieder erhöht und der Körper beginnt den Zucker zu verarbeiten, der wiederum in Energie umgewandelt wird.

- Arbeiten
Diesen Fehler habe ich selbst oft genug gemacht. Man ist abends noch nicht so ganz müde und möchte nur noch 30 – 45 Minuten am Notebook arbeiten. Im Endeffekt sitzt man dann doch über mehrere

Stunden an der Tastatur weil
man einen Abgabetermin hat,
den man auch nicht unbedingt
verpassen möchte und dann
arbeitet man vielleicht sogar
die ganze Nacht durch. Doch
genau das stresst uns, weil wir
uns selbst unter Druck setzen
und dadurch kommen wir hier
schnell wieder in unseren
Teufelskreis, da der
Schlafmangel am Folgetag
Leistungsschwäche bedeutet.

- ***In Ruhe schlafen***
  Es gibt zwei Arten von
  Menschen: Solche, die ohne
  Geräusche nicht schlafen
  können, und jene, die absolute
  Ruhe benötigen. Eine Studie
  hat bewiesen, dass Personen,
  die nur mit Geräuschen, also
  Musik, Podcast oder
  Fernseher, einschlafen
  können, einen deutlich
  ungesünderen Schlaf
  besitzen. Das liegt daran, dass

unser Unterbewusstsein die Geräusche auch im Schlaf aufnimmt und automatisch verarbeitet. Doch unser Schlaf hat mit die Aufgabe, den erlebten Tag mental zu verarbeiten, was allerdings nicht wirklich gelingt, wenn es durch irgendwelche Geräusche abgelenkt wird. Die Umstellung von Musik zum Einschlafen zur absoluten Ruhe ist auch nicht in wenigen Wochen umsetzbar, sondern muss Nacht für Nacht langsam trainiert werden, denn oft sind es jahrelange Gewohnheiten mit denen gebrochen wird. Hier empfehle ich, einen Timer zu nutzen, sodass du zum Einschlafen zwar etwas träumst, das Gerät aber nach rund 80 Minuten ausgeht und dein Unterbewusstsein dann in Ruhe arbeiten kann.

Das richtige Kochen um Stress zu vermindern

Insbesondere wenn wir über einen längeren Zeitraum unter Stress stehen, müssen wir uns erst recht um eine ausreichende Energiezufuhr kümmern, da unser Körper und unser Gehirn in dieser Zeit viel Energie verbraucht. Besonders wichtig sind dann Kalium, Magnesium und verschiedene B-Vitamine. Diese sind in folgenden Lebensmitteln zu finden und können in wirklich stressigen Situationen sogar für etwas Ausgleich sorgen.

- Vollkornprodukte
- Hülsenfrüchte
- Bananen
- Brokkoli
- Trockenobst
- Milchprodukte
- Nüsse
- Eier

Ebenso trägt eine ausgewogene Ernährung generell dazu bei, dass wir uns besser fühlen und genügend Energie besitzen, um selbst in Stresssituationen einen kühlen Kopf zu bewahren.

Ab in die Sonne

Wir wissen bereits von klein auf, dass uns frische Luft gut tut. Nicht nur wegen der Luft, sondern auch wegen der Sonne.
Denn bereits durch ein kleines Sonnenbad von rund 20 Minuten nehmen wir das sogenannte Vitamin D3 in uns auf, welches wir über das Sonnenlicht aufnehmen. Dieses besondere Vitamin hilft uns auch, entsprechend Stress abzubauen bzw. um Stress vorzubeugen. Es ist generell wichtig, seinen Vitamin D3 Haushalt immer wieder aufzutanken, da ein Mangel auch zu Schlafstörungen,

Nervosität sowie zu Müdigkeit oder Bluthochdruck führen kann.

Fazit

Jeder von uns sollte sich immer wieder Zeit für sich selbst nehmen. Sei es eine kleine Pause von der Arbeit oder auch von der Familie, wenigstens für 30 Minuten am Tag. Denn genau diese 30 Minuten, in denen wir uns wirklich nur Zeit für uns nehmen, können dazu beitragen, Stress besser zu ertragen und abzubauen. Diese kleine Tagespause kann uns vor einem Burnout schützen.

Es ist keinesfalls Egoistisch zu sagen „Heute geht es nur um mich!", sondern es ist ein prinzipielles Recht, dass wir auch einfordern müssen, da wir sonst sehr schnell von dem Druck, der Last oder von den Sorgen erdrückt werden. Natürlich ist Stress, unabhängig davon ob er körperlich oder mental erfolgt, immer ein schwieriges Thema, das leider auch immer wieder belächelt und nicht wirklich ernst genommen wird.

Doch du selbst kennst dich und deine persönlichen Grenzen besser als jeder andere. Überschreite diese Grenzen wirklich nur dann, wenn du auch entsprechende Pausen einräumen kannst, die du auch einhältst. Denn sobald es wirklich zu einem vollständigen Zusammenbruch deines Systems kommt, d.h. du einen Burnout erleidest, ist es oft sehr schwierig dort ohne Hilfe wieder heraus zu kommen.

Wie viel all die bisher genannten Aspekte mit Biohacking zu tun haben, erfährst du im folgenden zweiten Teil dieses Buches – sei also gespannt!

Was ist Biohacking?

Es ist ein offenes Geheimnis, ein jeder weiß es, aber oft wollen wir es uns nicht eingestehen: Die heutige Zeit ist schnelllebig und zudem geprägt von Reizüberflutung, Mobilität, stressigem Alltag und einem steten Lebenswandel.

Wie ist es möglich, eben diesen ständig neuen und dynamischen Anforderungen zu begegnen?

Das Stichwort lautet Biohacking!

Bei Biohacking handelt es sich nicht um eine Diät und du musst auch nicht von jetzt auf sofort dein gesamtes Leben auf den Kopf stellen und damit beginnen dieses zu hinterfragen und zu ändern.

Stattdessen bedeutet Biohacking – oder besser ein Biohacker zu sein – mit Spaß und Leidenschaft an dir selbst zu arbeiten. Werde zu einer besseren Version von dir selbst.

Meditierst du jeden Tag? Du bist ein Biohacker.
Du versuchst, deine Ernährung zu optimieren? Du bist ein Biohacker.
Du arbeitest an deinem Immunsystem, um dieses zu stärken? Du bist ein Biohacker.

Merke dir: Veränderungen geschehen in kleinen Schritten. Beim Biohacking zählt jede kleine Verbesserung deines Körpers und deines Geistes.

In diesem Buch zeige ich dir auf, wie du mit jedem Tag, stärker, besser, schlauer und gesünder werden kannst.

Nehme alle Tipps und Methoden, einige neue oder nur eine – das ist egal!

Wichtig ist nur, dass du dich mit jedem kleinen Schritt in die Richtung einer besseren Version deiner selbst bewegst.

Da du dieses Buch liest, bist du bereits auf einem guten Weg! Jetzt ist es an der

Zeit, dass du noch mehr aus deinem Verstand und deinem Körper herausholst.

Im Kern geht es beim Biohacking darum, die eigene Biologie oder besser gesagt den eigenen Körper zu verstehen, um diesen „hacken" und sich dadurch selbst in vielerlei Hinsicht optimieren zu können. Um es kurz auszudrücken: Ein Biohacker ist die beste Version von sich selbst.

Biohacking – versuchen wir, es zu definieren

In den unterschiedlichsten Kontexten wir der Begriff Biohacking verwendet und verstanden. Es gibt keine einheitliche Definition des Begriffs, was zum einen daran liegt, dass ein jeder Biohacker für sich selbst individuell entscheidet, was er darunter versteht.

Es gibt trotz alledem eine allgemeingültige Definition und diese beschreibt Biohacking wie folgt:

„Biohacking ist die do-it-yourself Biologie, eine biotechnische, gesellschaftliche Bewegung, in der sich Individuen und Organisationen die Errungenschaften der Biologie und Umweltwissenschaften zu eigenen Zwecken zu Nutze machen."

Zugegeben, nach dieser Definition wirst du kein Stück schlauer sein. Einen Biohacker kannst du an diesen drei Hauptmerkmalen erkennen:

1. Ein Biohacker kennt sich und seinen Körper

Diejenigen die sich darauf konzentrieren, ihr „eigenes System" zu hacken, sich auf ihren eigenen Körper konzentrieren, die dafür unterschiedliche Tools einsetzen. Die Devise, die dabei stets gilt, ist: Je mehr du über deinen eigenen Körper weißt, umso besser. Denn umso mehr Wissen du hast, desto besser kannst du dieses nutzen und dich selbst optimieren. Was sind schon Schlafprobleme, Müdigkeit oder Stress?

Ein Biohacker greift die täglichen Probleme an. Eben die Probleme, die er kennt. Dadurch steigert er seine Leistungsfähigkeit und sein Wohlbefinden. Dabei wird das Selftracking (engl. Selbstvermessung) mit der Medizintechnik kombiniert. Im Grunde dreht sich beim Biohacking alles darum, dass du Herr über deinen eigenen Körper und über deine eigenen Möglichkeiten und Bedürfnissen wirst. Es geht nicht um das Gegenteil, nämlich dass dich dieser steuert. Es geht beim Biohacking darum, dem uralten Trieb nachzugehen, um so das Beste aus sich selbst herauszuholen.

2. Ein Biohacker sucht nach individuellen Lösungen

Anhand deiner eigenen Fähigkeiten musst du dich selbst hacken, denn nur du kennst dich und deinen Körper genau. Wie funktioniert das? Ausprobieren und tracken! Den Bereichen, die du optimieren möchtest, sind dabei keinerlei Grenzen gesetzt.

- Konzentrations-Hacking
- Food-Hacking
- Schlafoptimierung
- usw.

Die Gründe, warum sich viele für das Biohacking entscheiden, sind ebenso vielfältig wie die Optimierungsbereiche. Dabei kann es sich um das erzielen einer sportlichen Höchstleistung handeln, aber ebenso um den Wunsch, sich länger und besser konzentrieren zu können, willensstärker zu werden und produktiver zu sein, als andere – oder ganz einfach das Streben nach einem besseren Lebensgefühl.

Wusstest du, dass...

...es eine steigende Anzahl an Biohackern gibt, die sich mithilfe der Technik in früher unvorstellbare Bereiche begeben? Dabei handelt es sich zum Beispiel um Mikrochips, die sie sich unter die Haut pflanzen lassen, um so Identitätsnachweise, Zahlungsmittel und Schlüssel zu ersetzen.

Aber...

...eine Studie des Meinungsforschungsinstituts „Pew Research Center" in Washington D.C. zeigt auf, dass es dieser Trend bis dato nicht in die Gesellschaftsmitte geschafft hat. Rund 70 % aller Amerikaner sind der Ansicht, dass diese „übernatürlichen" Entwicklungen, die sich in der Biohackingszene breitmachen, wie bspw. die

Einpflanzung von Mikrochips unter die Haut, gefährlich und bedrohlich ist.

3. Ein Biohacker wird selbst aktiv

Es gibt niemanden der für dich die Initiative ergreifen und dich zum Erfolg tragen wird. Als Biohacker wirst du zu deinem eigenen Motivationstrainer. Dein Interesse daran, ein optimiertes Selbst von dir zu kreieren, beruht darauf, dass du selbst aktiv wirst. Eben aus diesem Grund ist ein Biohacker weit entfernt von Selbsthilfebüchern und Motivationscoaches. Die Selbstverbesserung beginnt bei dir im Kopf, ebenso wie die Kraft für dein neues Selbst. Du kannst in deinen Selbstversuchen hin und wieder extremer sein, was nicht bedeutet, dass du dich in gefährliche Situationen begeben sollst.

Vielmehr bedeutet das, dass du eher zu Entscheidungen bereit bist, durch die du dein Leben veränderst, anstatt zu stagnieren. Eine jede Entscheidung, die du triffst, triffst du mit dem Wissen, dass sie Einfluss auf dein Leben hat. Die Aufgabe eines Biohackers ist es, die Kosten/Nutzen seiner Aktionen abzuwägen und zu analysieren.

> **Merke Dir!**
> Als Biohacker erkennst du die Grenzen deines Körpers, genauso wie ein Computer-Hacker, der die Schwachstellen in einem Computer oder Netzwerk bemerkt. Suche nach Lösungen, um das zu beheben, was du nicht als optimal erachtest.
>
> Du musst bereit sein, zu experimentieren, denn nur durch Experimente kann es zu Veränderungen kommen.

Ich möchte mit dir eine kleine Wette machen! Selbst wenn du dich zum ersten Mal mit Biohacking auseinandersetzt, so wette ich, dass du den Effekt des Biohacking bereits kennst.

- Hast du dich schon einmal wacher gefühlt, nachdem du einen Kaffee getrunken hast?

- Hast du einmal ein heißes Bad im Kerzenschein genossen und dich dabei entspannt?

- Hast du schon einmal deine Lieblingsmusik gehört und dich danach sofort besser gefühlt?

Falls dass der Fall ist, dann warst du in diesen Momenten ein Biohacker!

Egal, ob durch Temperatur, Licht, Geräusche oder Nahrung- du hast in all diesen Situationen deine Umgebung beeinflusst, um so deinen körperlichen Zustand zu verändern.

Nochmals: Als Biohacker verfolgst du denselben Ansatz wie die Computerhacker, die nach einer fundamentalen Regel arbeiten:

Willst du ein System hacken, dann ist es wichtig, dieses zu verstehen. Verstehst du es, dann kannst du gezielt Veränderungen vornehmen.

Genauso verhält es sich mit deinem Körper. Verstehst du, wie er tickt, bzw. funktioniert, bist du in der Lage ihn zu beeinflussen, um so die Energie, Produktivität und mentale Klarheit auf ein neues Level zu bringen.

Was meine ich genau damit? Du weißt als Biohacker beispielsweise, wie du es schaffst...

...überschüssiges Fett zu verlieren, ohne dafür zu hungern
...sichtbare Muskeln aufzubauen und das mit nur 2 x 30 Minuten Training in der Woche
...deinen IQ, um bis zu 10 Punkte zu

erhöhen

...deinen Stresslevel umgehend, um bis zu 65 % zu senken

...dich über Stunden hinweg auf eine Aufgabe zu fokussieren

...nach nur sechs Stunden Schlaf topfit aufzuwachen

Das ist nützlich, oder? Aber dabei handelt es sich nur um die Spitze des Eisberges!

Die vier Säulen des Biohacking – so funktioniert Biohacking

Wie funktioniert Biohacking?

- Selbstevaluierung – Selbstbeurteilung
- Erlange Kenntnisse über die Zusammenhänge
- Setze Strategien zur

Verbesserung ein

- Überprüfe die Ergebnisse durch kontinuierliche Selbstbeurteilung

1. Schritt: die Selbstbeurteilung

Damit du die Funktion deines Körpers verbessern kannst, musst du als Erstes wissen, ob du eine Dysfunktion hast bzw. wo du momentan mit deiner Leistungsfähigkeit stehst. Möchtest du beispielsweise dein Gedächtnis verbessern, dann musst du zunächst mit dem Ist-Zustand in Verbindung stehen. Geht es dir darum, dein Energieniveau anzuheben, dann benötigst du eine Beobachtungsbasis, um die Fortschritte zu erkennen und rückwirkend anerkennen zu können.

Allzu oft nehmen wir diese Dinge als gegeben hin. Als Biohacker weißt du, dass du etwas verändern kannst – aus eigener Erfahrung. Dazu kommt, dass wir ebenso die Tendenz aufweisen, uns erstaunlich schnell an neue Zustände zu gewöhnen und Veränderungen, sei es in positiver oder negativer Hinsicht, nicht mehr wahrzunehmen.

Zudem fehlt oft der Vergleich, wenn das eigene System nicht systematisch optimiert wird. Es ist nicht möglich, dass du weißt, wie es sich anfühlt, den ganzen Tag über mit positiver Energie geladen zu sein, wenn du diesen Zustand noch nie oder über eine längere Zeit nicht mehr erfahren hast. In dem Moment denkst du, dass die Welt so ist. Letztendlich gibt es reichlich Bestätigung bei anderen, die ebenfalls erschöpft sind oder deren Gedächtnis nicht mehr das Beste ist, um einfach beim Beispiel zu bleiben.

Das bedeutet, dass die Selbstbeurteilung der erste notwendige Schritt ist, auf dem Weg den eigenen Geist und Körper zu optimieren.

2. Schritt: Erlange Kenntnisse über die Zusammenhänge

Damit du ein System optimieren kannst, ist es wichtig, dass du es verstehst. Hast du im ersten Schritt ein Gefühl oder sogar einen objektiven Wert deiner Leistungsfähigkeit oder deines Zustandes erlangt, dann ist der zweite Schritt dafür da, sich zu bilden. Das bedeutet, du musst die Grundlagen und das System verstehen.

3. Schritt: Setze Strategien zur Verbesserung ein

Jetzt geht es an die praktische Umsetzung. Dafür steht dir das gesamte Arsenal des Biohacking zur Verfügung:

- Ernährung
- Sport
- Wasser
- Licht
- Schlaf
- Meditation
- Biofeedback
- Natur
- Smart Drugs

- Nahrungsergänzungsmittel
- Nootropics
- u.v.m.

Als erstes wählst du eine Strategie aus, denn auch hier führen, wie so oft, alle Wege nach Rom. Im nächsten Schritt geht es um die konkrete Umsetzung. Regelmäßig führst du eine bestimmte Übung aus, in deine tägliche Routine integrierst du eine Atemtechnik. Eine Strategie sollte in der Regel für 2 bis 6 Monate angewendet werden, zumindest 21 Tage. Ansonsten ist es dir nicht möglich, Aussagen zu treffen, wie es mit dem Erfolg deiner Optimierungsstrategie bestellt ist. Brichst du früher ab, dann läufst du Gefahr, ein falsches, negatives Resultat zu erhalten und kommst zu dem Glauben, dass die Strategie nicht gefruchtet hat.

Aus diesem Grund ist es wichtig, systematisch vorzugehen.
Empfehlenswert ist ein Journal oder Tagebuch, indem du die Veränderungen einträgst – doch dazu gleich noch mehr.

Warum ist ein negatives Resultat so fatal? Die Antwort ist simpel. Du wirst aller Voraussicht nach nie wieder diese Strategie in Betracht ziehen und anwenden. Diese Strategie hätte dein Leben auf positive Art und Weise verändern können, doch nun begibst du dich wieder auf die Suche, wobei du die Lösung bereits parat hattest. Das Problem ist, dass du es nur nicht gemerkt hast, da du dir nicht die Zeit genommen und den Verlauf dokumentiert hast.

Eine klare Strategie ist ALLES, wenn du beim Biohacking erfolgreich sein willst.

4. Schritt: Die Ergebnisse durch kontinuierliche Selbstbeurteilung überprüfen

Du als Selbstoptimierer überprüfst im letzten Schritt deinen Fortschritt. Es ist wichtig, wie im ersten Schritt bereits gesagt, dass du dich täglich beobachtest und die Veränderungen dokumentierst. Bei deinen Aufzeichnungen handelt es sich um eine Basis, um Vergleiche ziehen zu können. Das Problem ist, dass wir uns viel zu schnell an Veränderungen gewöhnen, um diese bewusst wahrzunehmen, wenn daraus kein klarer Prozess entsteht.

Eben aus diesem Grund ist es empfehlenswert, ein Journal/Tagebuch zu führen, und darin deine täglichen Beobachtungen einzutragen. Hierfür ist das Format einer Excelliste sehr gut geeignet, da du darin die Veränderungen bestens überblicken kannst. Zudem kannst du darin objektive Werte ebenso eintragen wie subjektive. Für die Eintragungen kannst du ein selbstentwickeltes Zahlensystem verwenden, wie zum Beispiel: „Geistige Klarheit" von 1 bis 10. Jeden Morgen gibst du dir einen Wert und trägst ihn in die Liste ein. Möchtest du deinen Schlaf optimieren, dann schreibst du die Anzahl der Stunden ein und in eine andere wie du dich fühlst. Du kannst Werte vergeben für Energie, Klarheit, Motivation, Laune, Konzentrationsfähigkeit etc. Abrunden kannst du das Bild mit Messwerten wie Gewicht, Trainingseinheiten, Blutzuckerspiegel u.v.m.

Die Basis der Selbstbeurteilung ist das Journal und nur durch die Selbstbewertung kommst du zum Erfolg!

Beim Journal handelt es sich um ein unverzichtbares Werkzeug eines jeden Biohackers.

Was du heute schon kannst besorgen..

Nehme dir ein Blatt Papier oder beantworte die folgenden Fragen:

- Über wie viel Energie verfüge ich?
  - Habe ich den ganzen Tag über Energie im Überfluss?

- o Wenn nicht, sinkt sie irgendwann? Was passiert kurz davor (bspw. Stress, Lunch)

- Wie gut ist mein Schlaf?
    - o Wie fühle ich mich am Morgen nach dem Aufstehen?
    - o Bin ich erholt und freue mich auf den Tag?

- Wie gesund fühle ich mich?
    - o Erstelle eine Liste, mit allen Wehwehchen, die du hast.
    - o Wie ist es um meine Verdauung bestellt? Wie mit meinen Gelenken?

- Wie alt fühle ich mich?
    - o Fühle ich mich jung wie eh und je oder bin ich bereits in Bewegung und Energie eingeschränkt?
    - o Bin ich bereit und fähig im vollen Umfang am Leben teilzunehmen?

- Wie schätze ich meine mentalen Funktionen ein?
    - Wie ist es um mein Gedächtnis bestellt?
    - Wie gut ist meine Konzentration?
    - Fühle ich mich klar oder eher matschig im Kopf?
    - Bin ich inspiriert?

Bei der Beantwortung der Fragen bist du eventuell auf etwas gestoßen, dass du noch verbessern könntest..

Dann lese jetzt hier weiter, und beschreite den Weg des Biohackers.

Biohacking – für Einsteiger

Du hast jetzt bereits einiges über Biohacking gelesen und nun soll es daran gehen, dich zur besten Version von dir zu verwandeln.

Ich kann dir sagen, dass du nicht befürchten musst, dass du den Rest deines Lebens dazu verurteilt bist, mit dem Körper und Geist zu leben, mit dem du auf die Welt gekommen bist.

Beginne jetzt damit dein Leben upzugraden und in jedem Bereich besser zu werden. Das ganz unabhängig von deinem aktuellen Gewicht, deiner persönlichen Geschichte, deiner Familie oder Arbeitssituation.

Ich bin der Überzeugung, dass es dir möglich ist, mit einem einfachen Hack deinen Körper und deinen Geist enorm zu verbessern. Das beste dabei, du musst noch nicht einmal etwas investieren und es nimmt auch nicht viel Zeit in Anspruch.

Der wichtigste Schritt ist, dass du daran glaubst und vertraust, dass eine solche Veränderung möglich ist.

Starte jetzt => Mit 21 simplen Wegen, zum Biohacker werden

Wie bereits erwähnt sollte es dein Ziel sein, für die nächsten drei Wochen – 21 Tage – einen der untenstehenden Punkte zu erledigen. Du musst nicht alle erledigen, wichtig ist jedoch, dass du jeden Tag etwas erledigst. Verpasst du einen Tag, dann ist es nicht schlimm. Aber vergiss niemals, je mehr du tust, desto besser wird es dir gehen.

1. Die Küche vorbereiten

Damit du für die nächsten Tage vorbereitet bist, ist es wichtig, dass du deine Küche auf Vordermann bringst und die Lebensmittel dort vorfindest, die du benötigst. Es kann sein, dass einige der Lebensmittel und Öle, die du ab jetzt brauchst, bereits besitzt – aber dennoch ist es besser, wenn du auf Nummer sicher gehst.

Nudeln, Brot, Zucker, Cornflakes, Pflanzenöle, Brot und industriell verarbeitetes Fleisch verbanne aus deiner Küche. Geh in den Supermarkt und kauf die Lebensmittel, die jeder Biohacker in der Küche hat. Qualitativ hochwertige Fette, Gemüse, Nüsse, Eier und Fleisch aus Biohaltung sowie Fisch aus Wildfang.

2. Trinke mehr Wasser

Damit es dir möglich ist, dich effektiv zu entgiften und dadurch fitter, wohler und gesünder zu fühlen, benötigen deine Organe (Haut, Leber und Nieren) genügend Wasser.

Daher solltest du sicherstellen, dass du über den Tag ausreichend Wasser trinkst und dein Körper optimal hydriert ist. Als erwachsener solltest du mindestens zwei Liter Wasser pro Tag trinken.

3. Suche einen Aspekt deines Lebens für den du dankbar bist

Einer der einfachsten Wege, um im Leben glücklicher und zufriedener zu werden ist Dankbarkeit. Glaube mir, ein jeder Mensch hat in seinem Leben etwas, für das er dankbar ist.

Schreibe diese Sache, die Person oder das Erlebnis auf und diese Notiz platzierst du dann an einem Ort, wo du sie oft genug siehst, bspw. als Smartphone-Hintergrund oder am Kühlschrank.

Konzentriere dich auf die Emotionen und Gefühle, die diese Sache in deinem Körper auslöst. Teile diesen Aspekt des Lebens mit deinem Partner oder einer nahestehenden Person, damit diese dich dazu verpflichtet dich täglich daran zu erinnern.

4. Steh auf und bewege dich

In der letzten Zeit ist immer wieder die Aussage zu hören „Sitzen ist das neue Rauchen". Selbst wenn dies doch sehr weit hergeholt ist, so konnte die Wissenschaft beweisen, dass es einen klaren Zusammenhang zwischen der Gesundheit und der Zeit des „Sitzens" gibt.

Dein Stoffwechsel verlangsamt sich durch langes Sitzen, die Muskeln verkürzen sich und nicht nur dein Blutzuckerspiegel steigt an, sondern auch dein Gewicht.

Nimm dir vor, alle 20 bis 30 Minuten aufzustehen. Am besten ist es, wenn du dir dafür einen Timer stellst, durch den du regelmäßig erinnert wirst. Alternativ ist es möglich, einen Stehschreibtisch oder eine höhenverstellbare Arbeitsfläche zu nutzen.

5. Das Schlafzimmer verdunkeln

Der wichtigste Baustein eines glücklichen, leistungsfähigen und gesunden Menschen ist sein Schlaf. Dein Körper entgiftet sich, während du schläfst. Dein Verstand verarbeitet die Erlebnisse des Tages und deine Muskeln regenerieren sich.

Dies bedeutet jedoch nicht gleich, dass du Unmengen an Schlaf benötigst. Es ist viel wichtiger, dass die Schlafqualität entsprechend hoch ist und das du dich in der Zeit deines Schlafs möglichst effizient erholst.

Damit dein Schlaf tief ist und besser wird, solltest du jegliche Lichtquellen aus dem Schlafzimmer verbannen und die Fenster abdunkeln. Deine Schlafqualität kann sogar durch minimale Lichtquellen wie eine kleine, rote LED am Fernseher drastisch verringert werden.

6. Begebe dich an die frische Luft und in die Sonne

Ein Vitamin D Mangel kann durch Sonnenlicht behoben werden und zugleich stimuliert es die Produktion von Testosteron und Dopamin, während es deinen Blutfluss verbessert.

Die Unternehmen die Sonnenschutzprodukte verkaufen, wollen uns immer wieder weiß machen, dass es gefährlich ist ohne Schutz in die Sonne zu gehen. Doch oft ist genau das Gegenteil der Fall: Die Haut, die dem direkten Sonnenlicht ausgesetzt ist – ohne einen Sonnenbrand zu erhalten – bildet mit geringerer Wahrscheinlichkeit Krebszellen als die Hautpartien, die ständig geschützt sind, entweder mit Kleidung oder durch Sonnencreme.

Für deine Zellen ist Sonnenlicht großartig, ebenso für deine Haut und die Augen. Dabei liegt der Schlüssel deiner Gesundheit in der richtigen Dosis an Sonnenlicht. Daher solltest du jeden Tag zwischen 10 und 15 Minuten im direkten Sonnenlicht verbringen. Hast du den Wunsch noch bessere Effekte zu erzielen, dann kannst du zusätzlich ein qualitativ hochwertiges Vitamin K Supplement einnehmen.

Du musst darauf achten, dass möglichst viele Sonnenstrahlen direkt auf die Haut treffen, aber du dennoch keinen Sonnenbrand bekommst.

7. Bringe Farbe in deine Gerichte

Große Mengen an Antioxidantien und Ballaststoffe sind in den Gemüsearten mit grellen Farben enthalten. Die binden die freien Radikale im Körper und machen dich dadurch gesünder. Die Polyphenole, die sich überwiegend in farbigen Gemüse finden, sind besonders wirkungsvoll.

Zu den guten Gemüsesorten zählen: Avocado, Brokkoli, Paprika, Grün- und

Rosenkohl, Fenchel, Sellerie und Zucchini. Das Gemüse solltest du in Butter oder Ghee anbraten, um so eine extra Portion an gesunden Fetten zu erhalten.

8. Mehr gesunde Fette essen

Fette von bspw. Wildlachs und anderen wild gefangenen Fischen sowie Avocado, Kokosöl oder rohen Nüssen versorgen dein Gehirn mit Energie. Sie balancieren deinen Hormonhaushalt und sie verbessern die Funktion deiner Mitochondrien.

Hochqualitative Fette erhältst du in konzentrierter Form von MCT-Öl, Fischöl, Eigelb und Fetten von grasgefütterten Tieren sowie Krillöl.

9. Gehe öfter spazieren

Mindestens 20 Minuten solltest du im Wald, Park oder der Natur spazieren gehen. Durch das einfache gehen kann

dein Verstand sich schärfen und dein
Gedächtnis verbessert sich.

Unser Körper ist dazu konzipiert, sich zu
bewegen. Bei einem Spaziergang kannst
du deine Muskeln lockern, die Gelenke
stärken, den Stoffwechsel verbessern,
dein Lymphsystem aktivieren und deinen
Organismus entgiften.

10. Streiche bestimmte Worte aus deinem Wortschatz

Worte wie „unmöglich", „schlecht", „ich
versuche es", „Ich mache das schon
immer so" oder „das funktioniert bei mir
nicht" streichst du ab heute aus deinem
Wortschatz. Durch diese schwachen
Worte limitierst du deinen Geist und
deine Fähigkeiten.

11. Verstehe die biologischen Vorteile des Fastens

Deine Lebensdauer kannst du durch regelmäßiges Fasten verlängern. Zudem hilft es dabei Stress zu bewältigen bzw. zu reduzieren, deinen Verstand zu schärfen und dir dabei zu helfen, Fett abzubauen bzw. Gewicht zu reduzieren.

Das intermittierende Fasten ist eine langfristige Methode, die es dir ermöglicht, die Vorteile des Fastens zu genießen und das ohne zu hungern. Bei dieser Fastenart fastest du täglich 14, 16 oder 18 Stunden und das ohne deine tägliche Menge an Kalorien zu reduzieren. Das Einzige was du tun musst, ist, deine Mahlzeiten innerhalb eines Zeitraums von 6 Stunden zu essen.

Das Einfachste ist es, dass du zwischen 14 und 20 Uhr zwei bis drei Mahlzeiten isst. Schaffst du dies, dann schläfst du für den Großteil des Fastenzeitraum und

musst nicht hungern, sobald du dich
einmal daran gewöhnt hast.

12. Gesunde Luft atmen

Bist du schon einmal auf den Gedanken
gekommen, dass dein Atem ein Teil
deiner Ernährung ist? Wenn nicht, dann
ist es an der Zeit, dass du dir mehr
Gedanken über die Qualität der Luft
machst, die du täglich einatmest.
Bedenke das in Raumluft Staub, Gase
von Farben und Ölen, Schimmelsporen
oder andere Giftstoffe enthalten sein
können. Die Luft, die du draußen in der
Natur einatmest, ist deutlich gesünder,
da sie sauberer ist.

Jeden Morgen solltest du nach draußen
gehen und deine Lungen mit sauberer
Luft füllen, indem du aktiv für ein bis
zwei Minuten ein- und ausatmest.
Wesentlich besser ist es, wenn du einen
ganzen Tag an der frischen Luft
verbringst und dort arbeitest – sofern es
dein Job ermöglicht.

13. Versuche HIIT (High-intensity-interval-Training)

Bei HIIT wechselst du zwischen intensiven Übungen und aktiver Erholung. Solch ein Satz kann bspw. einen Sprint von 45 Sekunden enthalten, Liegestützen und dann 60 Sekunden Gehen.

Studien haben bereits bewiesen, dass HIIT wesentlich effektiver sein kann, als Ausdauer- oder Krafttraining. Zudem hat es weitere Vorteile für deine Gesundheit, da es weniger Zeit beansprucht, als das klassische Krafttraining oder stundenlanges Kardiotraining.

14. Regelmäßig meditieren

Warum startest du deinen Tag nicht einfach mit einer 5-minütigen Meditation. Du wirst dich mit der Zeit damit wohler fühlen und nach wenigen Tagen werden

15 bis 20 Minuten für dich kein Problem mehr darstellen.

Meditation verringert Stress. Zudem kannst du dadurch dein Immunsystem verbessern und sogar Depressionen werden gehemmt oder Angst. Des Weiteren hat Meditation viele zusätzliche Vorteile für Geist und Körper.

Wesentlich wichtiger als die Dauer der Meditation, ist die Regelmäßigkeit, in der du dir ruhige Momente gönnst. Es ist besser, dass du dich täglich zu 5 Minuten Meditation verpflichtest, anstatt hin und wieder für 30 Minuten zu meditieren.

15. Eine kalte Dusche nehmen

Die günstigste und einfachste Methode, um ähnliche Effekte wie im Rahmen einer Kryotherapie zu erzielen ist eine kalte Dusche. Zunächst mag sich das kalte Duschen etwas unangenehm anfühlen, doch die Vorteile, die du daraus ziehst, sind es wert.

Spürt dein Körper die Kälte, dann werden Entzündungen gehemmt, die Muskel Regeneration beschleunigt und Fett schneller verbrannt. Selbst Wim Hof, der Begründer der bekannten Wim Hof Methode schwört auf Wechselbäder (Heiß und kalt).

Starte heute damit, indem du am Ende deiner täglichen Dusche für 10 bis 15 Sekunden das heiße Wasser abdrehst und dich in dieser Zeit kalt abduschst. Dein Ziel sollte lauten, täglich für eine Minute unter der eiskalten Dusche zu stehen.

16. Das Gehirn mit der richtigen Musik optimieren

Hilfreich sind ebenso gewisse Musikgenres oder Frequenzen um die eigene Konzentration zu steigern und dich weniger ablenken zu lassen. Die

Menschen, die neben dir reden, sind mit der richtigen Musik ebenso egal, wie der Facebook-Feed oder die Kollegen.

Suche dir eine Widergabeliste, die Instrumental, klassische Musik oder einfache Beats enthält. Je nach der Frequenz sind die sogenannten binauralen Beats sogar in der Lage die Kreativität, Entspannung oder Konzentration zu fördern.

17. Unternimm etwas für deine Beweglichkeit

Zeigen sich Schmerzen, dann ist das ein Zeichen dafür, dass dein Körper versucht, dir zu sagen, dass etwas falsch läuft. In dem Fall solltest du definitiv auf ihn hören.

Ein Beweglichkeitstraining ist weitaus mehr, als nur das klassische Dehnen. In ihm ist die Massage von weichem Gewebe mit einer Schaumstoffrolle ebenso enthalten wie dynamische

Bewegungen und das regelmäßige Dehnen und Stretchen.

Versuche mehr Informationen über das funktionelle Training und das Beweglichkeitstraining zu erhalten. Mache es zu einer Gewohnheit, vor oder nach dem Workout die eine oder andere Beweglichkeitsübung auszuüben.

18. Das Frühstücksbrot durch gute Fette ersetzen

Immer wieder heißt es, dass Kohlenhydrate Energie liefern, doch ein Biohacker sieht es anders. Die Kohlenhydrate, die du in Form von Brot, Süßigkeiten, Cornflakes, Mehl oder zuckerhaltigen Lebensmitteln zu dir nimmst, die rauben dir die Energie und führen zu Konzentrationsschwierigkeiten. Zudem sind sie auch ein Auslöser für Entzündungen in deinem Körper.

Durch die Kohlenhydrate erhöht sich dein Blutzuckerspiegel derartig, dass du um die Mittagszeit herum oder am frühen Nachmittag in ein Tief fällst. Im Gegensatz zu Kohlenhydraten versorgt dich Fett mit nachhaltiger Energie für mehrere Stunden. Zudem lernt dein Körper dadurch, noch mehr Fett zu verbrennen und aus dem überschüssigen Fettgewebe die notwendige Energie zu gewinnen.

Versuch es einfach einmal, die Kohlenhydrate von deinem Frühstücksmenü zu streichen und dafür qualitativ hochwertige Fette zu dir zunehmen, wie bspw. Eier, Wildlachs oder Avocados.

19. Nimm jemanden in den Arm

Kennst du das sogenannte „Kuschelhormon" Oxytocin? Dieses wird immer dann ausgeschüttet, wenn wir körperliche Nähe spuren, uns geborgen fühlen oder einen romantischen Moment erleben. Durch dieses Hormon werden die negativen Gefühle und die Ängstlichkeit verringert.

Es ist relativ einfach für dich, den Oxytocin Spiegel zu erhöhen. Dafür musst du einfach einen Menschen umarmen – nein, nicht irgendjemanden auf der Straße – sondern für 3 bis 6 Sekunden jemanden der dir nahesteht. Frauen schütten bereits nach drei Sekunden das Hormon aus, während Männer dafür rund 6 Sekunden benötigen.

20. Sprich mit einem Fremden

Ja du hast richtig gelesen! Denn es ist an der Zeit deine sozialen Fähigkeiten zu trainieren. Für die meisten Menschen ist es ein eher unangenehmes Gefühl einen Fremden anzusprechen. Doch wir Biohacker wissen, dass wir uns nur dann weiterentwickeln können, wenn wir uns aus unserer Komfortzone herausbewegen.

Hier gilt die alte Binsenweisheit: Übung macht den Meister! Wenn du dir nicht sicher bist, was du sagen sollst, dann verteile doch einfach Komplimente, wie bspw. „Ihre Schuhe sind schick, wo haben Sie die her?" Oder „Das sieht lecker aus, was Sie da essen!" Solch kurze Sätze reichen bereits aus.

21. Verlasse deine Komfortzone

Die einzige Möglichkeit, die du hast, um herauszufinden, welche Möglichkeiten sich hinter deiner eigenen Komfortzone befinden, ist, sich den Bedenken und Ängsten zu stellen. Mache eine Gewohnheit daraus, für dich selbst neue Dinge auszuprobieren und dir selbst eine Meinung über diese zu bilden.

Verzichte für eine Zeit von 14 Tagen komplett auf Kohlenhydrate, dusche grundsätzlich eiskalt, gehe täglich zum Training oder, oder, oder...

Du kannst mir glauben, dass die Welt, die sich hinter deinen Ängsten und Bedenken verbirgt, spannend und abwechslungsreich ist. Wir wollen als Biohacker genau in dieser Welt leben und uns selbst zu der besten Version unseres selbst machen.

Probiere in den nächsten 21 Tagen diese 21 Biohacks aus und schau was passiert!

Biohacking & Ernährung – ohne Hungern Gewicht verlieren

Dein Wunsch ist es, endlich mehr Energie zu haben und unnötiges Körperfett zu verlieren?

Besonders in Bezug mit Biohacking kommt immer wieder die sogenannte Keto-Ernährung zur Sprache. Dabei handelt es sich um nichts weiter wie die „Ketogene Diät" (siehe mein E-Book über die Keto-Diät). Diese Diät ist in aller Munde und ein jeder spricht über Ketose und den Gewichtsverlust durch die Ernährung mit wenig Kohlenhydrate und viel (gesunden) Fetten.

Ja, richtig - der Ketogene Ernährungsplan ist fettreich und enthält zudem wenig Kohlenhydrate. Durch diese Ernährungsform kommst du in den Zustand der Ketose und verwandelst deinen Körper in eine regelrechte Fettverbrennungsmaschine.

Genau das ist der Grund, warum diese Ernährungsform in den letzten Jahren immer mehr an Popularität gewonnen hat – vor allem unter den Biohackern. Dass es zu dieser Beliebtheit kam, ist vor allem den zahlreichen Vorteilen zuzuschreiben:

- Schneller Fettverlust
- Mehr Energie
- Unzählige gesundheitliche

Vorteile

Für dich als Biohacker bringt die
Ketogene Ernährung immens viele
Vorteile: Deine Leistungsfähigkeit
wächst und zudem profitieren davon
dein Gehirn und deine körperliche sowie
mentale Performance.

Gesunde Fette

Die Basis der Biohacking Ernährung
stellen die gesunden Fette dar. Eine
fettreiche Ernährung hat bereits so
manchen Biohacker geholfen, etliche
überschüssige Kilogramm abzunehmen
– auch mir. Doch es ist zu beachten,
dass nicht alle Fette in deinem Körper
gleich wirken. Beginne damit deine
Ernährung etwas umzustellen und
versuche weniger Kohlenhydrate zu
essen und dafür mehr gesunde Fette in
deinen Ernährungsplan zu integrieren.

Sicherlich wirst du nun sagen, Fett ist
ungesund! Nun ja, um ehrlich zu sein,
dabei handelt es sich um eine der

größten Lügen der Menschheit. Fett ist nicht nur einfach gesund, sondern du solltest sogar mehr davon in deinen Speiseplan integrieren. Fett dient zum einen als Treibstoff für deinen Denkapparat, wenn du dich Ketogen, also ohne Kohlenhydrate ernährst und mehr Fett in deine Ernährung einbaust.

Springst du auf den „Gesunde-Fette"-Zug auf, dann kannst du deinem Körper helfen und das in Bezug auf:

- Energie
- Nährstoffaufnahme
- Schutz vor Kälte
- Schutz der Organe
- Zellwachstum
- Hormonproduktion

Was ich hier sagen will, ist, dass es dir nicht hilft, wenn du die falsche Art von Fetten isst. Bist du nun verwirrt, was gute und was schlechte Fette sind, dann ist das nicht schlimm, denn so geht es vielen.

**„Gesunde Fette": eine kurze
Erklärung**

Erst einmal die gute Nachricht vor weg:
Aus deiner Ernährung musst du Fett
nicht streichen, sondern du sollst mehr
davon essen. Mindy Haar,
stellvertretender Dekan der Bachelor-
Studiengänge an der NYIT School of
Health Profession und
Ernährungsberater erklärt, dass Fett als
letztes den Verdauungstrakt verlässt und
so für eine lange Sättigung sorgt.

Das bedeutet: Fett hilft dir, länger satt zu
sein und dich vor einer übermäßigen
Nahrungsaufnahme oder
Kalorienaufnahme zu schützen.

Doch Fett ist nicht gleich Fett – es gibt
gesunde Fette, die du auf jeden Fall zu
dir nehmen solltest und diese liste ich in
meinem E-Book „Ketogene Ernährung"
genau auf. Darin gehe ich im Übrigen
auch näher auf die unterschiedlichen

Arten von Fetten ein, was hier doch den Rahmen sprengen würde.

Kurz und gut: Isst du glücklich, dann wirst du entdecken, dass die richtige Ernährung deine Stimmung und Gefühle beeinflusst.

Glücklich essen: Die Ernährung beeinflusst deine Gefühle

Du wirst schon einmal an dir beobachtet haben, dass du einen wahren Energieschub erhalten hast, während du einen süßen Snack isst, wie bspw. Schokolade oder einen zuckerhaltigen Snack. Dabei schießt dein Blutzuckerspiegel nach oben und du fühlst dich großartig. Doch schnell kommt es zu einem rasanten Abfall des Blutzuckerspiegels und die Folge ist, dass du dich erneut hungrig fühlst und deine Stimmung auch nicht mehr die beste ist.

Das ist nur ein Beispiel dafür, wie Essen die Gefühle beeinflussen kann. Hast du bereits einmal darüber nachgedacht, dass es bestimmte Nahrungsmittel gibt und Essgewohnheiten, die dir dabei helfen, glücklicher und energiegeladener zu sein?

Zu den stimmungsaufhellenden Lebensmittel zählen:

**Proteine**: Die Aufnahme der Kohlenhydrate in den Blutkreislauf wird verlangsamt und die Freisetzung von Dopamin und Noradrenalin wird erhöht. Nimmst du mit jeder Mahlzeit Proteine auf, dann verbessert sich dadurch deine Stimmung und eine Energie für mehrere Stunden nach dem Essen. Versuche, folgende Lebensmittel in deinen Speiseplan zu integrieren:

- Eier
- Geflügel
- Meeresfrüchte
- Fetthaltiger Fisch
- Tofu
- Fettarmer griechischer Joghurt

Vitamine: Für deine Stimmung und dein Wohlbefinden können ein paar wichtige Vitamine hilfreich sein. Beispielsweise Vitamin D ist hilfreich, ein Stimmungstief, wie bspw. saisonale affektive Störungen zu lindern. Die beste Quelle für Vitamin D ist das Sonnenlicht. Du kannst allerdings auch folgende Nahrungsmittel ausprobieren um deine tägliche Dosis an Vitamin D zu erhalten:

- Milch
- Eidotter
- Sojamilch

Depressionen lindern und die Stimmung aufbessern, dafür sind die Vitamine Folat und Vitamin B12 hilfreich. Probiere folgende Lebensmittel aus, um Folsäure deiner Ernährung hinzuzufügen:

- Linsen
- Haferflocken
- Orangen
- Grüne Salate
- Brokkoli

In folgenden Lebensmitteln ist Vitamin B12 enthalten:

- Hüttenkäse
- Lachs
- Rindfleisch

Ballaststoffe: Die Aufnahme von Zucker in den Blutkreislauf kann durch die komplexen Kohlenhydrate, die lösliche Ballaststoffe enthalten, verlangsamen und die Produktion von Serotonin, das „Wohlfühl"-Hormon erhöhen und somit deine Stimmung aufhellen. Ausreichend Ballaststoffe sind in folgenden Lebensmitteln enthalten:

- Bohnen
- Erbsen
- Rosenkohl
- Birnen
- Hafer

Um es hier kurz zu machen: Zwischen deiner Ernährung und deinem

Gefühlszustand gibt es einen klaren Zusammenhang. Nimmst du deine Mahlzeiten regelmäßig zur gleichen Zeit ein und du kombinierst deinen Speiseplan mit den Lebensmitteln, die sich positiv auf dein Wohlbefinden auswirken, dann kann dir deine Ernährung dabei helfen, dich besser zu fühlen.

Zusätzlich kannst du die Nahrungsmittel vermeiden, die dazu beitragen, dass du dich schlechter fühlst, wie Junk-Food, Zucker, Süßigkeiten, Limonade, weißer Reis, Weißbrot und Gebäck.

Biohacking: Genieße den Schlaf deines Lebens

Der bedeutendste Hack neben der Ernährung ist der Schlaf für deinen Körper. Spricht der Dalai-Lama über den Schlaf, dann bezeichnet er diesen Zustand oft als „tiefgründige Meditation".

Auf den ersten Blick wird es für dich überraschend sein, warum „besser schlafen" ein Biohack ist und dann auch noch einer der wichtigsten.
Die Antwort ist simpel: Beim Schlaf handelt es sich um die Basis für unser körperliches und geistiges Wohlbefinden. Hier geht es nicht nur darum, ausgeruht zu sein – dieser Meinung sind viele – sondern während du schläfst, finden in deinem Körper viele Prozesse statt und diese sind wesentlich dafür, dass du „funktionierst". Schläfst du nicht gut, dann ist es unnötig an einer anderen Stelle anzusetzen, um deinen Körper zu optimieren.

Schlaf ist die Basis, auf der jede weitere Optimierung deines Selbst ansetzt. Während du schläfst, leistet der Körper so einiges:

- _REM Schlaf_: Das Gehirn organisiert Erinnerungen und Emotionen – ein Mangel an REM Schlaf führt zu Depression,

Aggression,
Gedächtnisproblemen und bis hin
zu einer Psychose.

- *Tiefschlaf*: Der Körper repariert
  sich selbst. Dieser Schlaf ist
  essentiell für den gesunden Erhalt
  der Organe und des Gehirns.
- Das Gehirn arbeitet und macht
  sozusagen Hausputz – es befreit
  sich von Altlasten und entgiftet.
- Die Verdauung fährt runter, sofern
  du nicht zu spät gegessen hast.
- Die Leber schaltet von Detox auf
  Aufbaufunktion um.
- Die Adrenalinproduktion fährt
  runter.
- Die Körpertemperatur fällt.
- Der Körper schüttet Somatropin
  (Wachstumshormon) aus. Durch
  dieses wird der Körper über Nacht
  zur Reparatur angeregt. Besteht
  ein Mangel an diesem Hormon,
  dann führt das zu weniger
  Muskelmasse, höherem
  Viszeralem Fett (Bauchspeck)
  und einer verringerten

Mineralstoffdichte der Knochen.

Doch das ist erst der Anfang, denn es geht weiter:

- Die Aktivität des Immunsystems ist drastisch erhöht und schon nach wenigen Tagen des Schlafmangels verringern sich die Fähigkeiten des Immunsystems um Infektionen abzuwehren.
- Das Hormon Leptin wird ausgeschüttet, welches den Hunger reduziert. Durch das Hormon Ghrelin wird der Hunger angeregt und besteht ein Ungleichgewicht der beiden Hormone – weniger Schlaf = weniger Leptin – dann erfolgt eine Gewichtszunahme.
- Zu wenig Schlaf kann zu Muskelspasmen führen, bspw. ein zuckendes Auge.
- Die Produktion von Serotonin nimmt ab und die Melatonin Produktion nimmt zu, um beim Einschlafen zu helfen.

- Es werden das Sexhormon Testosteron und weitere Fruchtbarkeitshormone ausgeschüttet.
- Im Schlaf wird die Hautregeneration angeregt. Somit trägt ein guter Schlaf auch zur äußeren Schönheit bei.
- Die Fähigkeit logisch zu denken, wird bereits durch den Schlafmangel von einer Nacht (4 – 6 Stunden) reduziert sowie das Gedächtnis und die Fähigkeit Probleme zu lösen.
- Der Körper ist an einen Tag/Nacht Zyklus gebunden und ein Mangel an Schlaf bzw. ein Schlaf zur falschen Zeit löst Kaskaden von Fehlfunktionen auf Zellebene aus.

An dieser Stelle sollte es dir bereits klar sein, dass Schlaf mehr ist, als nur die Steuerung des Wachheitsgefühls.
Sobald du deinen Schlaf verbesserst, regst du viele gesundheitsfördernde und leistungssteigernde Prozesse an, wie sonst mit keiner anderen Methode.

Was du bereits jetzt tun kannst, ist:

- Fernsehen, Computer und Telefon zwei Stunden bevor du zu Bett gehst, ausschalten.

- Das Licht am Abend dimmen und mache es dir gemütlich, sodass du tatsächlich zur Ruhe kommst.

Beginne jetzt damit die erste Frucht des Biohacking zu ernten und verbessere deinen Schlaf!

Schlafmangel, Stress & eine erhöhte Leistungsfähigkeit

Jetzt einmal Hand aufs Herz – Wachsen dir hin und wieder die Herausforderungen des Alltags über den Kopf?

Es gibt etliche Möglichkeiten, wie es möglich ist, den Stresslevel zu senken oder besser zu managen. Sei es Meditation, technische Werkzeuge oder Nährstoffe – die Bandbreite an Möglichkeiten ist unglaublich, um den Stress in den Griff zu bekommen.

Doch was wäre, wenn ich dir jetzt sage, dass es einen natürlichen Stress-Senker gibt, der den Effekt von allen anderen Möglichkeiten in den Schatten stellt?

Was wäre, wenn du keinerlei Supplements, Atemübungen oder aktive Entspannungsübungen benötigst?

Sicherlich das hört sich zu gut an, um wahr zu sein, doch durch Zufall bin ich auf einen solchen natürlichen Weg gestoßen, und zwar online in einem Fachmagazin (Inc.com). In diesem Fachartikel wird von beeindruckenden Studienergebnissen zu einer ungewöhnlichen oder kreativen Stressbewältigungstechnik berichtet.

Bewältige deinen Stress spürbar in nur 8 Minuten

Nun wirst du sicherlich fragen, warum nur 8 Minuten? Das ist genau die Länge von einem bestimmten Lied, das laut dieser Studie den Stresspegel senkt, wie kein anderes auf der Welt. Eben genau darum geht es bei dieser Art von Stressbewältigung: Lieder, die es schaffen, deine Nerven zu beruhigen.

Erfahrene Biohacker wissen, dass die Binauralen Beats, die Stimmung beeinflussen, da sie das Gehirn auf die gewünschte Frequenz bringen. Ich nutze gern diese speziellen Klänge beim Schreiben, da sie mich in den Flow bringen, den Stress senken oder mir beim Einschlafen helfen.

Die Studie der britischen Forscher zeigt allerdings einen noch effektiveren Weg, Stress zu senken.

Wichtig ist hier folgendes: Stress ist sicherlich wichtig, denn nur so wird in den Leistungsphasen die richtige Energie freigesetzt, doch im chronischen Dauerzustand führt er zu Krankheiten und dadurch wird das Immunsystem geschwächt.

Eben aus diesem Grund ist es wichtig, dass du mehrmals am Tag im wilden Treiben deines Alltags innehältst, durchatmest und deine Nerven beruhigst. Nur so ist es möglich, zu garantieren, dass du dauerhaft mit Energie versorgt bist und so motiviert und leistungsfähig bleibst.

Das Antistress-Lied: Es weist eine clevere Besonderheit auf

Nun könnte man sagen, was ist das nun Besonderes, denn auf YouTube gibt es eine Vielzahl von Entspannungsliedern. Das ist sicherlich richtig, aber dieses „besondere" Lied wurde nicht einfach komponiert, sondern die Künstler

Marconi Union haben dieses mit einem Team renommierter Musiktherapeuten kreiert und dabei ein einziges, ambitioniertes Ziel ins Visier genommen:

Sie wollten eines der entspannendsten Lieder der Welt komponieren!

Die Kunstfertigkeit der Musiker wurde in diesem Song mit der jahrzehntelangen Musikforschung verschmolzen und es kamen ausschließlich Tonfrequenzen und Beats zum Einsatz, bei denen zuvor bereits eine entspannende Wirkung nachgewiesen wurde.

Das entstandene Lied „Weightless" war laut dem Studienleiter Dr. David Lewis-Hodgens so effektiv, dass der Stresslevel sogar um ganze 65 % gesenkt werden konnte. Während des Hörens seien sogar einige Frauen schläfrig geworden. Weshalb von den Experten davor gewarnt wird, das Lied im Straßenverkehr zu hören.

Probiere es einmal aus!

Ein jeder kennt das Phänomen: Endlich Feierabend, du bist müde und packst gestresst deine sieben Sachen zusammen, um dich dann durch den Berufsverkehr nach Hause zu quälen. Dort geht es dann nur noch aufs Sofa und die Glotze geht an.

Doch das Fernsehen bringt wieder eine Flut an Informationen, mit denen das Gehirn überfordert wird. Bombardiert von Werbung, den rasenden Bildern, imposanten Soundeffekten und reißerischen Angeboten, kann das Gehirn einfach nicht zur Ruhe kommen, sondern es muss „Überstunden" leisten.

Neben dem Tag ist damit auch der wohlverdiente Feierabend im Eimer!

Besser ist es, dass du eine neue Routine einbaust. Sobald du zuhause ankommst, halte inne. Sorge dafür, dass du den Arbeitstag hinter dir lässt und eben dafür ist dieses Lied mit einer Länge von 8 Minuten bestens geeignet.

Nimm das Tablet oder das Laptop zur Hand, steck die Ohrhörer rein und leg die Füße hoch. Die folgenden 8 Minuten gehören nur dir allein. Schalte das Lied ein und gleite mit dem Beat von „Marconi Union – Weightless" in eine andere Welt.

Im Anschluss wirst du dich wieder frisch fühlen, wie nach einem ausgiebigen Spaziergang in der Natur. Du hast wieder Energie und kannst den Abend mit Freunden genießen, zum Sport gehen oder ein anderes Hobby ausüben.

Die Empfehlung des Arztes
„Sie müssen Ihren Stress in den Griff bekommen"

Die Empfehlung des Hausarztes, dass du deinen Stress in den Griff bekommen musst, ist nicht abwegig. Doch jetzt handelt es sich dabei nicht nur um eine abstrakte Idee, sondern du hast ein echtes und feldgetestetes Tool in der Hand, mit dem du deinen Stress spielend leicht reduzieren und damit der Empfehlung des Arztes folgeleisten kannst.

Reichen dir 8 Minuten nicht, da dein Stress chronischer Natur ist, dann gibt es neben „Weightless" by Marconi Union noch weitere Titel, die helfen:

- „We Can Fly" (Rue du Soleil / Cafe Del Mar)
- „Someone Like You" (Adele)
- „Strawberry Swing" (Coldplay)
- „Watermark" (Enya)
- „Please don't go" (Barcelona)
- „Mellomanica" (Chill Out Mix / DJ Shah)
- „Pure Shores" (All Saints)
- „Canzonetta Sull'aria" (Mozart)

Titelnachweis (Quelle):
https://www.inc.com/melanie-

curtin/neuroscience-says-listening-to-this-one-song-reduces-anxiety-by-up-to-65-percent.html

Biohacking – optimiere dich selbst

Auch wenn sich Biohacking kompliziert anhört und du es dir hochkomplex vorstellst, so wirst du erkannt haben, dass das falsch ist! Beim Biohacking geht es ganz einfach um die Korrektur deines Lifestyles, durch die du dein eigenes Wohlbefinden verbesserst.

Aber dennoch: Biohacking kannst du mit einer Werkzeugkiste vergleichen, bei der nicht jeder Schraubenschlüssel auf jede Schraube passt. Du musst für dich den perfekten Bausatz finden und deine Systeme neu starten! Ich hoffe, dass ich dir dafür mit meinem Buch die ersten Ansätze und Tipps an die Hand geben und dir zu einer verbesserten Stressbewältigung verhelfen konnte.

Haftungsausschluss

Impressum